事例で学ぶ アセスメントとケアプラン作成 改訂

OCMAシートを活用したケアマネジメント実践

公益社団法人大阪介護支援専門員協会　編集

中央法規

はじめに

OCMAシートの成り立ちと活用、発刊の経緯について

介護保険制度が施行されたのは2000（平成12）年ですが、最初の法律改正とサービス類型などの大幅な改正は2006（平成18）年でした（施設サービスは、2005（平成17）年10月施行）。そのきっかけになったのが、厚生労働省老健局長（当時は、中村秀一氏）の私的研究会である高齢者介護研究会が発出した「2015年の高齢者介護」で、座長はさわやか福祉財団の堀田力氏が担当されました。

2003（平成15）年7月にまとめられた報告書で、制度改正に影響を与えたなかで大きなものとしては、要介護と要支援を分けて介護予防サービスを創出したことや、尊厳を保持できる生活空間として介護保険施設において個室ユニットケア化を推進。また、元気な高齢者や家族を巻き込んだ地域包括ケアシステムを構築すべく、地域包括支援センターが制度化されましたが、痴呆症（現・認知症）高齢者ケアモデルの確立も重視され、小規模多機能型サービスや介護サービスを担う事業者や従事者の研修の強化などもテーマとされ、認知症介護研究・研修センターも創設され、認知症高齢者に対するさまざまなアセスメントの考え方や介護サービスのあり方なども考案されるようになりました。そして、その大きなテーマは住み慣れた地域で支えるという、地域独自の取り組みの尊重でもありました。

その後、認知症介護研究・研修センターによって「認知症の人のためのケアマネジメントセンター方式」というアセスメントツールが開発され、介護職員等を対象に任意に研修も行われましたが、当時の介護支援専門員法定研修等はスタートしたばかりでさまざまな課題があるなかで、これらを必修化させるには至りませんでした。大阪府においては、この現状を改善すべく2007（平成19）年、認知症ケアマネジメント手法開発事業において大阪介護支援専門員協会に委託し、通称「OCMAシート」が開発され、当時のアセスメント6方式に加え、今日においても公式なアセスメントシートとしての運用と研修が行われています。その後、2016（平成28）年度に介護支援専門員研修ガイドラインが制定され、今般「適切なケアマネジメント手法」に関する内容の追加に伴う見直しが2023（令和5）年に行われるにあたり、疾患別ケアと認知症、及び介護予防の事例に準拠し改訂を行いました。

ここにあらためて開発にかかわられた当時の関係者及び改訂に御協力いただいた皆様に感謝を申し上げますとともに、今日まで継続して研修会等で周知を図っていただいております講師陣の皆さまにも御礼を申し上げます。認知症ケアを含め、よりよいケアが引き続き展開され、要介護状態になっても安心して暮らし続けることができるよう、願ってやみません。

2024（令和6）年7月

公益社団法人 大阪介護支援専門員協会
会長　濵田　和則

目次 contents

6 OCMAシート記入例

第2部 実践編

1 OCMAシートを活用した事例

第3部 資料編

1 OCMAシート様式集

2 課題整理総括表の様式と記載要領

3 居宅サービス計画書様式・評価表

4 施設サービス計画書様式

5 日常生活自立度

第1部

総論編

1 「OCMAシート」作成の経緯

1 ニーズを的確に短時間で把握するために

認知症高齢者数の増加とセンター方式

厚生労働省によると、認知症高齢者数は2015年には250万人、高齢者数のピークである2040年には584万人になると推計されています。

認知症高齢者が住み慣れた地域で生活を継続していくには、さまざまな課題が出てきます。介護支援専門員は、認知症の特性を理解し、地域の社会資源を十分に把握し、適切なケアプランを作成し支援をすることが、認知症高齢者が住み慣れた地域で生活を継続していくために必要です。

このようななかで、適切な認知症ケアを実践するためのアセスメント方法とケアマネジメントのあり方を示した「認知症の人のためのケアマネジメントセンター方式（以下、「センター方式」という）」が認知症介護研究・研修センターによって開発されました。しかし、2007（平成19）年度認知症ケアマネジメント手法開発事業調査結果により、「センター方式」は介護支援専門員の実務に十分に利用されるまでには至っていない現状であることがわかりました。

認知症の人のケアマネジメントの新しいツール

この現状を踏まえて、認知症の人や家族のニーズを的確に、また時間をかけず、できるだけ簡素に把握し（アセスメント）、それらのニーズに合った適切なサービスを提供しうるケアプランが作成できるよう、2007（平成19）年度認知症ケアマネジメント手法開発事業において、大阪府から委託を受け大阪介護支援専門員協会が「認知症ケアマネジメント手法（以下、「アセスメントツール」という）を開発しました。

このアセスメントツールは、「基本情報シート」「コンパクトアセスメントシート」「周辺症状の現状とその背景」「まとめシート」の4つのシートを基本に、適宜、センター方式の2枚のシート（B-4シート、C-1-2シート）を活用するというものです。これにより、利用者が安心して過ごせる居心地のよい場所であるかという視点と、認知症の人の気持ちを理解する視点が、ケアマネジメントに加わりました。

アセスメントツールの特徴

このアセスメントツールでは、項目ごとに、「できていること、できること、できないこと」の現状を明らかにし、その能力・可能性、背景・要因を考えるようになっています。それらをポジティブに転換することで、ケアプランの方向性を導き出すことができるのです。

また、そのまま他事業所とも情報を共有できるようコンパクトに設計されています。

さらに、本人理解を深めるためには、センター方式の他のシートを選択し、介護支援専門員よりも長く本人と接している家族やサービス提供者にも記入を依頼することになっています。これにより、本人の生活を支えるために情報を共有することができます。

本人と家族のよりよい暮らしにつなげる

このアセスメントツールは、認知症のアセスメントに限らず、さまざまな利用者にも活用できるよう作成されています。これが、センター方式へのジョイントシートとして有効に活用され、「ご本人と家族のよりよい暮らし」につながる一助となることが期待されます。

2 ケアマネジメントにおける課題

2012（平成24）年の「介護支援専門員の資質向上と今後のあり方に関する検討会における議論」において、今後取り組むべき主な課題が整理されています（下記参照）。また、ケアマネジメントの質の向上を図っていく基盤として、ケアマネジメントの質を評価する客観的な指標を整えていくことが重要であり、ケアマネジメントプロセスの評価、アウトカムの指標について、調査が必要であるなどのことが示されています。

▶今後取り組むべき主な課題

(1) ケアプランの作成に関する課題

①ケアプランの様式への記載方法が定着していない

チームケアの基礎情報として、家族の意向の主体、通院や訪問診療の状況、服薬等の医療の利用状況、インフォーマルな支援、日常生活のスケジュール等を明記することの定着が必要である。

②認知症や廃用症候群の状態像に応じたケアプランの事例に関する情報が不足している

今回の検討の結果、脳卒中以外の事例において、改善の余地があるケアプランがいくつも見られた。介護支援専門員が日常的にケアプランを作成する際に参考になる事例（特に、認知症や廃用症候群の事例）の情報をより多く普及する必要がある。

③課題の整理の根拠となった情報の記録方法が定まっていない

現行のケアプラン様式には、生活全般の課題（ニーズ）の整理の根拠となった情報を記録する欄がない。介護支援専門員の事務負担を軽減し、かつ多職種間での情報共有を円滑にするためにも、課題の整理の根拠となった情報を記録する様式を定めることが必要である。

④ケアプランの記述方法に捉われてしまい、課題分析が十分でない

介護支援専門員が「～したい」という記述方法に捉われてしまい、結果として、課題の分析が不十分になってしまっている。まず課題の分析を十分に行うことであって、記述方法はその結果の表現の工夫である。画一的に「～したい」という表現にするといった指導は改める必要がある。

(2) 情報収集とケアマネジメントに関する課題

①情報収集が十分に実施できていない

業務経験年数が短くても、アセスメントに必要な利用者・家族の現在の状況に関する情報を十分に収集できるよう、実務研修等での指導を見直す必要がある。

②主治医からの情報収集が十分に実施できていない

医療との連携について以下のような課題がある。

・利用者の症例名と現在の治療の状況、通院・訪問診療や服薬等の状況の把握
・疾患等に伴う生活上の禁忌・留意事項の把握とサービス内容を検討する際の配慮
・改善可能性の高い状態像に対する目標設定

研修等による知識の向上だけでなく、医療職から介護支援専門員への情報提供が円滑に行われるよう、介護認定審査会に付される主治医意見書の取り扱いを見直すことも必要である。

③収集した情報の分析と課題解決の優先順位づけが不十分である

利用者・家族の現在の状況の要因をより詳しく分析し、複数の状況の相互の関連性を整理できるようにすることが必要であり、介護支援専門員の専門性が最も求められる点でもある。

例えば、認知症がある事例などは、十分な分析のために、短期間のケアプランを作成しサービスを提供しながら詳しくアセスメントする方法や、サービスの提供を通して課題を整理する方法の活用も検討すべきである。

④短期目標が曖昧である事例が多い

短期目標は、設定した期間後に評価し、見直されなくてはならない。しかしながら、今回の検証では、長期目標と短期目標にほぼ同じことが記載されていたり、設定した期間内に達成することが困難な短期目標が記載されていたりといったケアプランも多く見られた。

アセスメントの際に利用者の予後予測を捉える視点を必ずもつことを確実にするとともに、介護支援専門員の参考となるような状態像に応じた具体的な予後予測の例に関する情報を広く普及させることが必要である。

（3）個別サービスに関する課題

①個別サービスでのサービス内容とその結果が把握しにくい

ケアプランを改善しても、個別サービスの内容が改善しなければ、ケアプランの効果が高まらない可能性がある。短期目標を具体的に設定した上で、個別サービス計画とその結果どうなったかを把握することが必要である。

また、利用者・家族等の状況を把握する際の視点を共有し、情報共有を円滑にするため、個別サービス計画の様式を一定程度定めるよう検討することも必要である。

②訪問看護、リハビリテーション、認知症対応のサービスの充足度の検証が必要

利用者の状況を勘案すると、訪問看護、リハビリテーション（訪問・通所）、認知症に対応したサービス（訪問介護、通所介護）の必要が認められる事例が多く見られた。また、認知症の事例については、認知症外来等の医療の体制の整備も検討が必要である。

基礎調査結果を見ると、これらのサービスが不足しているという認識は介護支援専門員も管理者も共通している。したがって、地域ごとに利用者の状態像を踏まえた検証が必要である。

（4）ケアマネジメントの検証方法に関する課題

利用者・家族等の状況を把握し、ケアプランと併せて分析する今回の評価方法は、一定の有効性があると考えられた。しかし、この方法では、ケアプランとは別に調査票への記入が必要となる。それゆえ、さらに詳細なケアマネジメントの検証を行うための情報を収集するためには、介護支援専門員の負担が大きい。

一方、介護給付費分科会の審議報告でも、ケアマネジメントの検証が次期計画期間における重要な課題となっている。したがって、ケアマネジメントの実践において日常的に作成・共有している書類を活用することで、検証に必要な情報を収集できるような仕組みを構築することも必要である。

出典：厚生労働省「第２回介護支援専門員（ケアマネジャー）の資質向上と今後のあり方に関する検討会（資料１）」2012年より抜粋

2 介護支援専門員の役割について

1 自立支援

「自立」には、ADL、IADLの自立、収入・所得に関わる経済的自立、自分のことを自分で決めるという自己決定・自己選択に関わる精神的・人格的自立などがあります。これらのなかでも、人間にとって「自由に主体的な決定ができること」がいかに大切かを考えることで、精神的・人格的自立が特に重要になります。

したがって、高齢者が尊厳ある生活を送るためには、その人の主体性が尊重される必要があります。たとえ身体的・精神的な障害がある高齢者であっても、可能な限り、その人のもつ人生観や価値観に即した生活が主体的に送れるよう、その人の自立を社会的に支援することが介護サービスの基本でなければなりません。

つまり、「自立支援」の理念とは、「高齢者自身の自立に向けての主体的営為を社会的に支援する」ことです。介護に従事する一人ひとりが、常に高齢者を尊重し、日々研鑽を積みながら、これを実現していく必要があります。

利用者の選択に基づくサービス提供を行う仕組みによって、利用者とサービス提供者の対等な関係を構築することが、介護保険によるサービス提供の目的の１つです。

自立支援の４つのポイント

自立支援について、ポイントを４つまとめてみましたので、介護支援専門員の業務を進めるうえで参考にしてください。

①利用者の望む暮らしについて、自己決定ができるように支援を行うこと。
②自己決定を最大限に尊重するため、利用者がサービス提供者などに対して適切に発言できない場合などには、利用者の意向を代弁して、サービス利用の権利の擁護を行うこと。
③利用者の意欲を引き出すとともに、潜在能力、強み、できそうなことなどを見出し、それを最大限に発揮できるように支援を行うこと。
④介護保険法第２条第２項の規定にあるように、利用者の要介護状態等の軽減または悪化の防止に役立つような支援を行うこと。

介護保険制度におけるケアマネジメントは、介護支援専門員をはじめ各種サービスの担当者が個々のサービス利用者の立場に立ってサービスを調整・統合し、利用者の状況に最もふさわしい適切なサービスを常に継続して確保し続け、利用者のQOLを保持していくために行われる実践です。利用者の生活全般の状況を総合的に把握して、ニーズに応じたサービスを一体的に提供する機能を果たすケアマネジメントを行う「機関や人」を、サービス提供上の仕組みとして制度に位置づけたことは、きわめて有意義なことです。

ケアマネジメントを担う機関

介護保険制度上、居宅の要支援者・要介護者に対してケアマネジメントの中核であるケアプランの作成を行う機関は、当初、居宅介護支援事業者のみでした。しかし、2005（平成17）年改正で創設された地域包括支援センターが介護予防支援事業者の指定を受けて、要支援者に対するケアプラン作成を行うことになりました。

さらには、2018（平成30）年度までに、すべての市町村で介護予防・生活支援サービス事業対象者に対しても、ケアプランを作成することになっています。

2 介護支援専門員の義務

介護保険法には、介護支援専門員の義務について、次のように規定されています。

介護保険法第69条の34

介護支援専門員は、その担当する要介護者等の人格を尊重し、常に当該要介護者等の立場に立って、当該要介護者等に提供される居宅サービス、地域密着型サービス、施設サービス、介護予防サービスもしくは地域密着型介護予防サービスまたは特定介護予防・日常生活支援総合事業が特定の種類または特定の事業者もしくは施設に偏ることのないよう、公正かつ誠実にその業務を行わなければならない。

2　介護支援専門員は、厚生労働省令で定める基準に従って、介護支援専門員の業務を行わなければならない。

3　介護支援専門員は、要介護者等が自立した日常生活を営むのに必要な援助に関する専門的知識及び技術の水準を向上させ、その他その資質の向上を図るよう努めなければならない。

3 研修カリキュラムの見直しから見える介護支援専門員の専門性

介護・福祉・医療の実践方法や技術のほか、社会保障制度を取り巻く環境は常に変化しており、介護支援専門員に期待される役割も同様に変化しています。また、後期高齢者のほか、独居・認知症・精神疾患・医療処置を必要とする要介護者も増加し、介護支援専門員が実際に現場で対応する利用者像も多様化・複雑化しています。そのような状況も踏まえ、今般、介護支援専門員の法定研修カリキュラムが見直されました。そこでは次のようなポイントが挙げられています。

○幅広い視点で生活全般を捉え、生活の将来予測や各職種の視点や知見に基づいた根拠のある支援の組み立てを行うことが介護支援専門員に求められていることを踏まえ、そのような社会的要請に対応できる知識・技術を修得できるように科目の構成・内容を見直す

○介護保険以外の領域も含めて、制度・政策、社会資源等についての近年の動向（地域共生社会、認知症施策推進大綱、ヤングケアラー、仕事と介護の両立、科学的介護、身寄りがない人への対応、意思決定支援等）を定期的に確認し、日々のケアマネジメントの実践のあり方を見直すための内容の充実・更新を行う

○法定研修修了後の継続研修（法定外研修、OJT等）で実践力を養成することを前提に、カリキュラムの内容を幅広い知識の獲得に重きを置いた次回配分（＝講義中心）に見直す

3 アセスメントと ケアマネジメントプロセス

1 アセスメントとは

アセスメントとは、①利用者の情報を収集し、②利用者の課題を分析し、③解決すべき課題（ニーズ）を明らかにすることです。受付や初期面接相談の際には、このことを想定して、利用者・家族、そして、利用者の関係者などから収集した情報によって、利用者の全体像がわかるような情報の収集が必要になります。

ただし、介護保険制度は利用者本位の制度であることから、アセスメントについても利用者・家族が積極的に参加することになります。

2 社会資源のアセスメント

介護支援専門員は、利用者の生活ニーズを解決するために、社会資源と結びつけていくことになります。しかし、生活ニーズを把握しただけで適切な社会資源を活用できるわけではありません。その社会資源は、利用者の生活ニーズを解決することができるのかというアセスメントが必要になります。サービスの種類を知っているだけではなく、例えば通所介護の利用では、利用者が望むサービス内容があるのか、どのように事業所が運営されているかなども知る必要があります。

介護支援専門員は、以下のような方法を用いて社会資源の特徴や力量を把握しましょう。

①各社会資源に直接問い合わせる、訪問するなどして確認する。
②社会資源を利用し、モニタリングを行った経験から社会資源について理解する。
③勤務している、または知り合いのいる居宅介護支援事業所の介護支援専門員から情報を得る。

社会資源が提供できるサービスの質、または、その社会資源特有の能力など、直近の生きた情報を把握しておくことも大切な作業です。

アセスメントは、利用者が入院中など物理的な理由がある場合を除き、利用者の居宅を訪問し、利用者および家族に面接をして実施します。そして、この面接の趣旨を利用者および家族に十分に説明して、理解を得なければなりません。

アセスメント項目として、課題分析標準項目が示されています（p17、18表参照）。「基本情報に関する項目」「課題分析（アセスメント）に関する項目」からなる23項目の課題分析標準項目にある情報を収集して、利用者の現状を把握します。これは、最低情報として収集する項目であり、必要ならば項目の追加は可能です（課題分析標準項目の23項目を網羅した様式であればよいことになっています）。

利用者を知り、利用者の立場に立つ

アセスメントでは、利用者の情報収集と課題分析を行うことになりますが、項目に沿って聞き取りをするだけではなく、利用者の立場に立つために利用者を知ることが重要な目的です。また、アセスメントは、利用者自身の自立を支援するケアプランを作成するために行うものなので、利用者の生活上の課題の把握と分析をすることが必要です。身体、精神、環境等のあらゆる面から利用者の状態を把握しましょう。

3 地域包括ケアシステムの現状と介護支援専門員の役割

高齢者が住み慣れた地域で生活を送れるよう支えるためには、高齢者一人ひとりの状況やその変化に応じて、適切なサービス、多様な支援を提供することが必要です。自助努力を基本に、保健・福祉・医療の専門職が連携し、介護保険制度のサービスのみならず、インフォーマルな活動を含めた地域のさまざまな資源を統合・ネットワーク化することで、高齢者を継続的・包括的に支援することが重要です。

介護支援専門員は、地域包括ケアシステムの基本的な考え方を理解するとともに、利用者の生活全般を捉えることが必要です。その場合、身体機能的な側面だけでなく、精神・心理的な側面、居住環境的な側面など、幅広くアセスメントを行うことが求められます。そして、自立支援を中心としたケアマネジメントのもとフォーマルサービスだけでなく、インフォーマルサポートを含む、多様な社会資源を結びつけ、活用していくことが必要となります。

また、多職種や地域包括ケアの中核機関である地域包括支援センターと連携し、地域ケア会議等を通じて不足している社会資源や地域における課題を提案していくことも望まれています。

4 ケアマネジメントプロセス

居宅介護支援等のケアマネジメントを実施していくうえでは、サービスの利用申込者からの依頼を受けつけ、初期面接相談（インテーク）、生活全般の解決すべき課題（ニーズ）の把握（アセスメント）、介護サービス計画原案の作成、サービス担当者会議、サービス事業者による介護サービス計画の実施、モニタリング、評価、終結または再アセスメントというプロセスをたどることが一般的です。

5 ケアマネジメントプロセスの概要

ケアマネジメントプロセスは、次ページの図にあるように、時間の経過とともに進行します。また、このプロセスは単独で成立しているのではなく、重層的に進行していきます。

ここでは、図に表記されている項目に沿って概要を確認します。

1 受付・初期面接相談

①受付

利用申込者からの相談に対応するのが受付です。介護支援専門員は、利用申込者の話を聞く前

▶ケアマネジメントプロセス

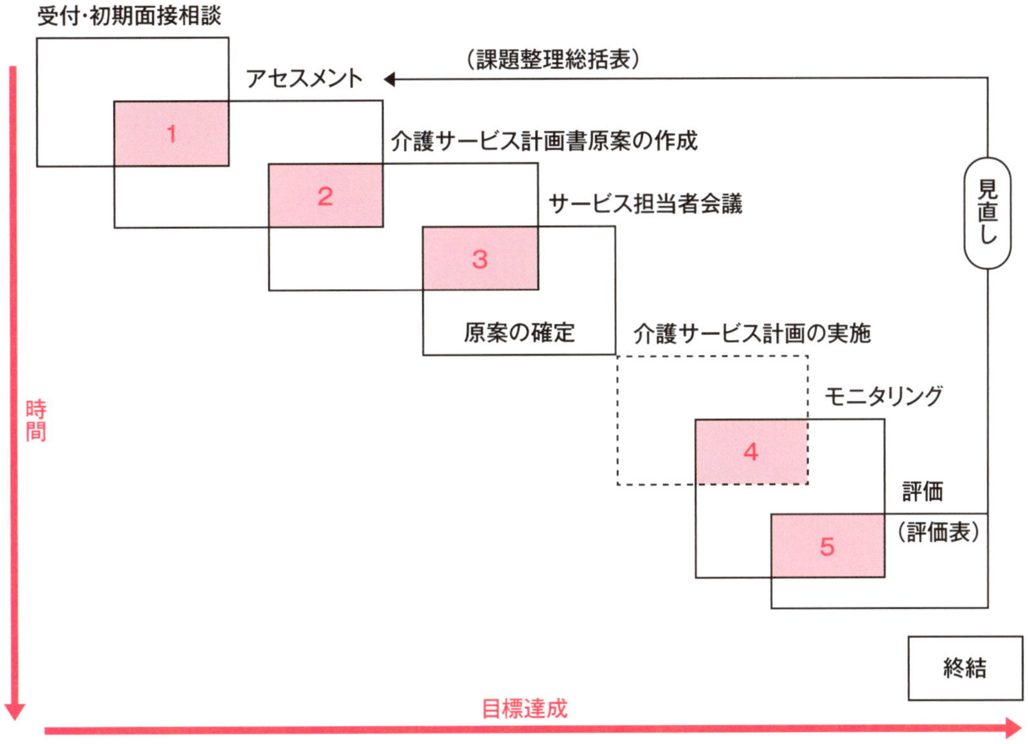

出典：太田貞司・國光登志子編『対人援助職をめざす人のケアマネジメント――Learning10』みらい、67頁、2007年、國光登志子作成を一部改変

に、必ず個人情報の取り扱いを厳格に行うことを伝える必要があります。この際、利用申込者が介護保険の適用外であるか、また、緊急性を要してほかの制度につなぐ必要があるかなどを判断する必要があります。

②初期面接相談

利用申込者宅を訪問し、利用者・家族などから情報を収集します。その際、重要事項説明書により事業所の事業内容や介護支援専門員の業務内容を説明したうえで、利用者との間で居宅介護支援の受託契約を結ぶことになります。

利用者から収集する情報は、「課題分析標準項目」として定められています。

2アセスメント

アセスメントとは、①利用者の情報を収集し、②利用者の課題を分析し、③解決すべき課題（ニーズ）を明らかにすることです。なお、利用者の全体像がわかるような情報の収集に留意します。

3介護サービス計画書原案の作成

①ケアチームによる協働

介護サービス計画書（居宅サービス計画、施設サービス計画）原案には、利用者の望む暮らしを実現するために明らかになった課題や目標が設定され、利用者の自立支援にかかわるケアチームとその役割の基本的な概要が示されます。

このことからもわかるように、アセスメントにおいては、利用者・家族、サービスを提供することになる事業所のスタッフ、さらには、近隣住民からの情報収集と協働が必要となります。

次に、ケアプラン作成の基本原則をまとめます。

①ケアプランは、前段階で実施された利用者の生活全体のアセスメント結果に基づく
②ケアプランには、利用者・家族などがその作成過程に参加する
③ケアプランは、アセスメントで導き出した解決すべき課題（ニーズ）、目標を実現する
④ケアプランは、永続的なものではなく、特定期間の計画である
⑤ケアプランには、フォーマルサービスとインフォーマルサポートの両方が含まれる
⑥ケアプランは、利用者・家族の経済的要件を意識して作成される
⑦ケアプランの内容は、標準化された計画用紙に記載する

4サービス担当者会議

サービス担当者会議は、利用者・家族、そしてケアチームが一堂に会して、利用者・家族の意向に対するケアプランの具体的な内容と役割分担を決定する場となります。ケアプラン上に位置づけられた課題と目標を出席者全員が理解し、利用者・家族の合意を得て原案が確定されることになります。

5介護サービス計画の確定

ケアプランが確定すると、サービス提供事業所では、ケアプランに沿って個別サービス計画を立てなくてはならないため、あらためて利用者のアセスメントを行うことになります。ケアプランの目標を意識して、それぞれの個別サービスによって達成する目標が定められます。

それぞれのサービス事業所が作成した個別サービス計画の説明を受けたうえで、利用者・家族は事業所ごとに契約を交わし、サービスを利用することになります。

6介護サービス計画の実施

ケアプランを実施するサービス事業所に対し、介護支援専門員は相談・助言を継続的に行います。また、ケアプランが実施されるうえで必要な連絡・調整を行うといった「居宅介護支援」による相談援助を行うことになります。

7モニタリング

ケアプランが実施されると同時に、モニタリングが始まります。モニタリングとは、継続的な計画やサービスの実施状況の把握を行うことです。

定期的なモニタリングだけでなく、状況に応じたモニタリングも行い、サービスの有効性の評価や利用者・家族の満足度による評価も行われることになります。

8見直し

見直しとは、モニタリングによってケアプランの変更の必要性を検証することです。ケアプランに位置づけたサービスに効果がない場合や、新たなニーズが出現した場合には、再アセスメントを行い、ケアプランを変更します。

9終結

要介護から要支援への区分変更のほかに、病院への入院や施設への入所、また、死亡といった利用者の事情による終結もあります。

▶課題分析標準項目

介護サービス計画作成の前提となる課題分析については、介護支援専門員の個人的な考え方や手法のみによって行われてはならず、要介護者等の有する課題を客観的に抽出するための手法として合理的なものと認められる適切な方法を用いなければならない。
本標準課題分析項目を具備することをもって、それに代えることとするものである。

基本情報に関する項目

No.	標準項目名	項目の主な内容（例）
1	基本情報 （受付、利用者等基本情報）	居宅サービス計画作成についての利用者受付情報（受付日時、受付対応者、受付方法等）、利用者の基本情報（氏名、性別、生年月日、住所、電話番号等の連絡先）、利用者以外の家族等の基本情報、居宅サービス計画作成の状況（初回、初回以外）について記載する項目
2	これまでの生活と現在の状況	利用者の現在の生活状況、これまでの生活歴等について記載する項目
3	利用者の社会保障制度の利用情報	利用者の被保険者情報（介護保険、医療保険等）、年金の受給状況（年金種別等）、生活保護受給の有無、障害者手帳の有無、その他の社会保障制度等の利用状況について記載する項目
4	現在利用している支援や社会資源の状況	利用者が現在利用している社会資源（介護保険サービス・医療保険サービス・障害福祉サービス、自治体が提供する公的サービス、フォーマルサービス以外の生活支援サービスを含む）の状況について記載する項目
5	日常生活自立度 （障害）	「障害高齢者の日常生活自立度（寝たきり度）」について、現在の要介護認定を受けた際の判定（判定結果、判定を確認した書類（認定調査票、主治医意見書）、認定年月日）、介護支援専門員からみた現在の自立度について記載する項目
6	日常生活自立度 （認知症）	「認知症高齢者の日常生活自立度」について、現在の要介護認定を受けた際の判定（判定結果、判定を確認した書類（認定調査票、主治医意見書）、認定年月日）、介護支援専門員からみた現在の自立度について記載する項目
7	主訴・意向	利用者の主訴や意向について記載する項目 家族等の主訴や意向について記載する項目
8	認定情報	利用者の認定結果（要介護状態区分、審査会の意見、区分支給限度額等）について記載する項目
9	今回の アセスメントの理由	今回のアセスメントの実施に至った理由（初回、要介護認定の更新、区分変更、サービスの変更、退院・退所、入所、転居、そのほか生活状況の変化、居宅介護支援事業所の変更等）について記載する項目

課題分析（アセスメント）に関する項目

No.	標準項目名	項目の主な内容（例）
10	健康状態	利用者の健康状態及び心身の状況（身長、体重、BMI、血圧、既往歴、主傷病、症状、痛みの有無、褥そうの有無等）、受診に関する状況（かかりつけ医・かかりつけ歯科医の有無、その他の受診先、受診頻度、受診方法、受診時の同行者の有無等）、服薬に関する状況（かかりつけ薬局・かかりつけ薬剤師の有無、処方薬の有無、服薬している薬の種類、服薬の実施状況等）、自身の健康に対する理解や意識の状況について記載する項目
11	ADL	ADL（寝返り、起きあがり、座位保持、立位保持、立ち上がり、移乗、移動方法（杖や車椅子の利用有無等を含む）、歩行、階段昇降、食事、整容、更衣、入浴、トイレ動作等）に関する項目
12	IADL	IADL（調理、掃除、洗濯、買物、服薬管理、金銭管理、電話、交通機関の利用、車の運転等）に関する項目
13	認知機能や判断能力	日常の意思決定を行うための認知機能の程度、判断能力の状況、認知症と診断されている場合の中核症状及び行動・心理症状の状況（症状が見られる頻度や状況、背景になりうる要因等）に関する項目

No.	標準項目名	項目の主な内容（例）
14	コミュニケーションにおける理解と表出の状況	コミュニケーションの理解の状況、コミュニケーションの表出の状況（視覚、聴覚等の能力、言語・非言語における意思疎通）、コミュニケーション機器・方法等（対面以外のコミュニケーションツール（電話、PC、スマートフォン）も含む）に関する項目
15	生活リズム	1日及び1週間の生活リズム・過ごし方、日常的な活動の程度（活動の内容・時間、活動量等）、休息・睡眠の状況（リズム、睡眠の状況（中途覚醒、昼夜逆転等）等）に関する項目
16	排泄の状況	排泄の場所・方法、尿・便意の有無、失禁の状況等、後始末の状況等、排泄リズム（日中・夜間の頻度、タイミング等）、排泄内容（便秘や下痢の有無等）に関する項目
17	清潔の保持に関する状況	入浴や整容の状況、皮膚や爪の状況（皮膚や爪の清潔状況、皮膚や爪の異常の有無等）、寝具や衣類の状況（汚れの有無、交換頻度等）に関する項目
18	口腔内の状況	歯の状態（歯の本数、欠損している歯の有無等）、義歯の状況（義歯の有無、汚れ・破損の有無等）、かみ合わせの状態、口腔内の状態（歯の汚れ、舌苔・口臭の有無、口腔乾燥の程度、腫れ・出血の有無等）、口腔ケアの状況に関する項目
19	食事摂取の状況	食事摂取の状況（食形態、食事回数、食事の内容、食事量、栄養状態、水分量、食事の準備をする人等）、摂食嚥下機能の状態、必要な食事の量（栄養、水分量等）、食事制限の有無に関する項目
20	社会との関わり	家族等との関わり（家庭内での役割、家族等との関わりの状況（同居でない家族等との関わりを含む）等）、地域との関わり（参加意欲、現在の役割、参加している活動の内容等）、仕事との関わりに関する項目
21	家庭等の状況	本人の日常生活あるいは意思決定に関わる家族等の状況（本人との関係、居住状況、年代、仕事の有無、情報共有方法等）、家族等による支援への参加状況（参加意思、現在の負担感、支援への参加による生活の課題等）、家族等について特に配慮すべき事項に関する項目
22	居住環境	日常生活を行う環境（浴室、トイレ、食事をとる場所、生活動線等）、居住環境においてリスクになりうる状況（危険個所の有無、整理や清掃の状況、室温の保持、こうした環境を維持するための機器等）、自宅周辺の環境やその利便性等について記載する項目
23	その他留意すべき事項・状況	利用者に関連して、特に留意すべき状況（虐待、経済的困窮、身寄りのない方、外国人の方、医療依存度が高い状況、看取り等）、その他生活に何らかの影響を及ぼす事項に関する項目

※下線部は今回追加・変更された部分

6　ケアプランにつながるOCMAシートの役割

詳しくは後述しますが、OCMAシートは、相談を受けたときから記入でき、その内容を活かしてアセスメントにつなげることができます。

「基本情報」のなかに経済的なことを反映することができるので、サービス量と利用料金を意識して、内容を決めていくことができます。

「コンパクトアセスメント」「周辺症状の現状とその背景」を記入することで、利用者の背景や言葉の意味を考える、より個人を理解する習慣がつき、「できる」「できない」だけでなく、それに至った経緯やそのことが及ぼしている影響から、解決につながるポイントを見つけやすいと考えます。

4 OCMAシートの使い方

1 シートを活用するメリット

自分なりに活用

相談受付表は、事業所内の共有・引き継ぎ、事業所への迅速な連絡調整に活用してください。課題分析項目を網羅しつつコンパクトにするために、住宅見取り図のスペースが小さくなっていますので、別紙を添付するなど工夫してください。

アセスメントシート記入要領でも触れていますが、認知症の人には初動プランが落ち着いた段階で、センター方式も使用していきましょう。

現状を整理する

ADL、IADL、認知症の症状など介護量の目安としてチェックしていくアセスメントシートが多いですが、そのチェックを見てそれぞれの人が思い浮かべる状態像にはかなりの差があると思われます。

例えば、「コンパクトアセスメント」では、「自立」「一部介助」「全介助」などのチェック欄の下にコメント記入欄があります。そこには状態像が具体的にわかるように、また、本人・家族の思い・工夫・努力やエピソードなどもしっかり書き込んでいきましょう（p24参照）。

そして、歩行の項目でも「リハビリ室では歩けるが自宅では歩いていない」「玄関の出入りを介助し、歩行器の準備をすれば戸外も歩ける」「歩行能力はあるが、めまいや息切れが原因で歩けない」「歩行できるが転倒しやすいので常に見守りしている」「片腕を支えればどこでも歩ける」などの個別の細かい情報が状態像をわかりやすくし、分析するのに重要になります。

サービス事業者と情報共有

「基本情報」「コンパクトアセスメント」「周辺症状の現状とその背景」の３枚のシートをサービス事業者に渡しましょう。別用紙に書き換える必要がないうえ、コンパクトに多くの情報が詰まっているので、サービス事業者にとっても活用しやすいものといえるでしょう。

例えば、デイサービスの環境で介護職が難なくやれている介助でも、自宅では家族がとても苦労していることがあります。介護支援専門員がそのようなことを全部把握して提案するのは困難です。ところが、サービス事業者にこのシートを渡して情報を共有すれば、「自宅でこうすればいいのではないか」「この行動はこういう気持ちの表れではないか」などのフィードバックを得やすくなるでしょう。

モニタリング・再アセスメントに効果的

ケアプランの実施後、要介護状態が目に見えて改善することを望むのは、なかなか難しいものです。しかし、各項目の現状を押さえていくと、サービス利用により、暮らしぶり、動作、思いなどに変化が生じてくるのが、必ず見えてきます。

変化を可視化していくことは大切であり、次の短期目標が見えやすくなります。

まとめのシートによりアセスメント力アップ

「現状を考える視点」の「原因・可能性・リスク」であらゆることを考え出してみます。特に可能性については、「このようなことができるようになるかもしれない」「このような能力を活かせるかもしれない」などとポジティブな思考を繰り返すことで目標が見えてきます。

事例検討会などでこのシートを活用してみてください。他の人と発想をぶつけ合うことで多くの気づきを得られるでしょう。

生活目標を実現するために解決する条件をまとめていくことで、ケアプランの方向性が出てきます。そして、ケアプランに至った根拠が理解されやすくなります。

2 アセスメントシートの概要について

目的

このシートは、認知症高齢者やその家族等のおかれている状況を情報収集し、その方々を取り巻く関係者と協働で、日常生活を支えるうえで解決すべき課題へと導くアセスメントを行うものです。

シートの構成

シートは、次の５枚から構成されています。

①基本情報シート
②コンパクトアセスメントシート
③周辺症状の現状とその背景シート
④相談受付表
⑤まとめシート

シートの特徴

シートには、次の特徴があります。

①課題分析標準項目23項目を網羅している。
②必要な情報項目がコンパクトにまとまっており、書きやすい。
③「事業所へのお願い」欄など事業所との情報共有を意識してつくられ、サービス提供事業者へそのままコンパクトに情報提供できる。
④同じシートを用いることにより、施設、病院と居宅間の円滑な情報共有ができる。
⑤チェック欄の下にコメントの記入欄があり、現状を整理できる。
⑥具体的な症状やエピソード、気づきや要因、背景が書けるので本人理解がしやすい。
⑦まとめのシートで原因・可能性・リスクを考えることで課題が明確になり、ケアプランにつながる。
⑧「センター方式」の活用につながっている。
⑨認知症高齢者に限らず、さまざまな利用者にも活用することができる。

▶シートの活用方法

STEP1

利用者本人の生活状況の緊急度をスクリーニングし、生命の安全と安心を保証するケアプランを作成する。
また、介護者から心身両面の介護負担の軽減を迫られることもあり、迅速に対応する。

①基本情報シート
②コンパクトアセスメントシート
③周辺症状の現状とその背景シート
④相談受付表
⑤まとめシート

課題分析標準項目23項目を網羅しており、現場において簡便に記入できます。①②③の３枚のシートでサービス提供事業者へそのままコンパクトに情報提供できます

アセスメントした細かい情報を速やかにサービス提供事業者へ伝えることで、サービス導入時点での不穏状態を緩和できます

『私』の視点から「不安なこと」「うれしいこと」「介護への願い」「やりたいこと」などを考えるだけでも、今まで理解できないと思っていた認知症の人の気持ちを理解することにつながります

STEP 2

家族など介護者の要望が前面に出る場合は、利用者本人の気持ちの理解に時間がかかる。また、特に居宅の介護支援専門員は、利用者本人と接する時間が、家族やサービス事業者と比べても短いため、理解が不十分になる恐れもある。そこで、初動プランが落ち着いた段階で、家族やサービス事業者から日々のケアを通して気づいたことを情報提供してもらい、認知症の人のためのケアマネジメントセンター方式を活用し、さらに、しっかりとアセスメントを行う。その情報を客観的に分析し、ケアプラン修正に活かす。

利用者本人を取り巻く関係者が一緒に記入して利用者本人の理解を深めていく方法として、「センター方式」が開発されています。センター方式を活用し、さらに利用者本人の理解を深めるために、しっかりとアセスメントに時間をとることで、ケアプランの向上に活かしていくようにすることが望ましいでしょう。

センター方式の一部だけでも用いることは、ケースへの理解を深めるためには有効です。

サービス担当者会議を通して専門家の意見を集約すれば、よりよいケアプランの作成につながるでしょう。

5 アセスメントシート記入要領

ここでは、実際のシートを示しながら、記入方法について解説していきます。

▶基本情報シート

基本情報

支援事業所		事業所番号		介護支援専門員	
所在地		TEL		FAX	

受付日時	年　月　日　時	受付対応者		受付方法	来所　TEL　その他
訪問日 ❶		課題分析場所	□　自宅　□　施設（　　　）	理由	□初回　□定期　□退院退所

フリガナ		生年月日	M　T　S　H　年　月　日	□男性	□女性
氏　名		被保険者番号			
現住所	〒　　―	保険者番号			
電話番号					

福祉サービス利用援助事業	家族構成
□　成年後見	
□　日常生活	
	□男　○女　◎本人　●死亡　△キーパーソン

❷ 家族等連絡先	家族名	年齢	続柄	同・別居	電話番号	緊急連絡順

介護者に関する情報	主たる介護者		意思	有・無	負担感	有・無

❸ 生活歴		❸ 趣味・特技など

要介護度	認定日	有効期間
	年　月　日	年　月　日　～　年　月　日

支給限度額	交付年月日	障がい自立度	認知症自立度	審査会の意見
	年　月　日			

①	医療機関名		診療科目		主治医		回数　回／週 月
所在地				TEL		FAX	
②	医療機関名		診療科目		主治医		回数　回／週 月
所在地				TEL		FAX	

健康状態		病　名	症状・痛み・経過・その他
既往症 ❹	①		
	②		
主傷病	①		
	②		
	③		

主治医の意見より ❺	

健康保険 ❻					□　本人	□　家族	医療費負担割合	割	
公費負担 ❼		負担割合	割	生保　□	担当CW		負担限度額認定	段階	
障害者手帳 ❽	□　有	□　無			経済状況 ❾				

前ページの「基本情報」のシートは、フェイスシートとして使用するものです。連携するサービス提供事業者等にこのまま情報を提供することができます。

▶基本情報シートの記入内容

記載事項	解説
❶ 訪問日	居宅ケアマネジメントでは自宅を訪問しアセスメントすることが求められます。記録に残すことが必要です
❷ 家族等連絡先	・サービス提供中の緊急時の連絡先を、家族の優先順位を考慮して記入しましょう ・連絡先として登録されない孫などの同居家族は、家族構成等に記入します ・介護者の急な体調不良も考えられます。その場合の連絡先も視野に入れておきましょう
❸ 生活歴　趣味・特技など	・好きなこと、得意なことも含めて記入しましょう ・今までの仕事・趣味・特技を記入することで、その人の関心事や価値観を知り、その人の望む暮らしを考える糸口にしましょう。会話のきっかけにも活用しましょう
❹ 健康状態、既往症、主傷病	・症状・痛み・経過・その他欄には症状・痛みの程度や麻痺についても記入しましょう ・治癒、治療中、経過観察、手術などの経過も記入しましょう
❺ 主治医の意見	・主治医からの指示内容を記入、もしくは意見書からの情報を転記しましょう
❻ 健康保険	・健康保険は個人により異なります。それぞれの必要事項を記入しましょう ・医療費負担割合も、訪問看護が医療保険適応になる場合などに注意しましょう
❼ 公費負担	・原爆、特定疾患（難病）、精神など必要事項を記入しましょう
❽ 障害者手帳	・有無と障がいの種類、等級などを書きましょう
❾ 経済状況	・課税・非課税・収入・年金の情報などを書きましょう。事業所への配布時には、この欄は個人情報に関するので、介護支援専門員の判断で記入しないで申し送るとよいでしょう

▶コンパクトアセスメントシート

コンパクトアセスメント

記入年月日　　年　　月　　日

		ADLと現在の状況 ❶	❷ 能力や可能性／精神心理状態など	チェック欄
ADLおよびIADL	寝返り	□ 自 立 □ 一部介助 □ 全 介 助		
	起き上がり	□ 自 立 □ 一部介助 □ 全 介 助		
	座 位	□ 自 立 □ 一部介助 □ 全 介 助		
	立 位	□ 自 立 □ 一部介助 □ 全 介 助		
	移 乗	□ 自 立 □ 一部介助 □ 全 介 助		
	歩 行	□ 自 立 □ 一部介助 □ 全 介 助		
	着 衣	□ 自 立 □ 一部介助 □ 全 介 助		
	入 浴	□ 自 立 □ 一部介助 □ 全 介 助		
	排 泄 後始末	□ 自 立 □ 一部介助 □ 全 介 助		
		失禁 □ 有 □ 無 回数 尿 回／日 便	回／ 日 コントロール方法	
	食事摂取	□ 自 立 □ 一部介助 □ 全 介 助		
		栄養状態 □ 良 □ 不良 食事回数 回	水分摂取量 □ 良 □ 不良 cc／日	
	口腔ケア 衛生	□ 自 立 □ 一部介助 □ 全 介 助		
		口腔内の状態 □ 良 □ 不良 義歯 □ 有	□ 無 □ 全 □ 部分 □ 上 □ 下	
	調 理	□ 自 立 □ 一部介助 □ 全 介 助		
	買 物	□ 自 立 □ 一部介助 □ 全 介 助		
	環境整備 掃除	□ 自 立 □ 一部介助 □ 全 介 助		
	金銭管理	□ 自 立 □ 一部介助 □ 全 介 助		
	服薬状況	□ 自 立 □ 一部介助 □ 全 介 助		
褥瘡の程度 皮膚の清潔状況		❸		
特別な状況 虐待・ターミナル		❹		
❺ 社会との かかわり	参加意欲			
	変化			
	喪失感 孤独感等			
コミュニ ケーション ❻	視力	□ 良好 □ 不良 聴力 □ 良好 □ 不良		
	意思の伝達	□ 良好 □ 不良 電話 □ 良好 □ 不良		
服薬内容		❼		

「コンパクトアセスメント」には、ADL、IADLなど、状態変化があるごとに記入の必要な情報を集約しています。

ADLを単に運動面で自立か介助を要するかをチェックするだけでなく、その下欄には理解度からの影響も含めて、現状を自由に記載しましょう。それを一つひとつ能力や可能性はどうか、精神心理面も考慮し、ポジティブに転換して右欄に記入することにより、ケアプランに活かす方向性が見えてきます。

ケアプランの変更により新たにサービスを追加するときにも、アセスメント内容をそのままサービス提供事業者へ情報を提供することができます。

▶コンパクトアセスメントシートの記入内容

記載事項	解説
❶ ADLと現在の状況	・自立・一部介助・全介助の状態を「■」「☑」と示します。状態は認定調査の基準に合わせます ・下欄はできること・できないことだけでなく、意欲も含めて現状や介護を受けている状態を客観的に記入しましょう
❷ 能力や可能性／精神心理状態など	・できること、やりたいこと、改善の可能性などポジティブに捉えながら、ケアやリハビリテーションの方向性についても記入しましょう。本人の生活習慣や価値観なども考慮しましょう ・この欄に、『私の視点』で記入しましょう
❸ 褥瘡の程度 皮膚の清潔状況	・褥瘡の部位・程度・その処置・対応、皮膚の状態・掻痒《そうよう》症や乾燥肌・湿疹・かぶれなど、高齢者特有の皮膚状態、爪の状態も記入しましょう
❹ 特別な状況 虐待・ターミナル	・医療機器の使用状況、虐待のリスク、食事療法、ターミナル状況などを記入しましょう※
❺ 社会とのかかわり	・近所づきあい、行きつけの場所など、ICFの分類による参加の視点で記入しましょう ・参加の意欲や度合いの変化、喪失感、孤独感などを記入しましょう
❻ コミュニケーション	・言語以外の表出の方法も着目しましょう
❼ 服薬内容	・「降圧剤」などの薬の作用、あるいは薬剤名を記入しましょう

※高齢者虐待防止法では、虐待を受けたと思われる高齢者を発見した者に対し、市町村への通報努力義務が規定されており、特に当該高齢者の生命または身体に重大な危険が生じている場合には、速やかに、市町村に通報しなければならないとの義務が課せられています。

▶周辺症状の現状とその背景シート

周辺症状の現状とその背景

記入年月日　　年　月　日

周辺症状 ❷		現症状 ❶			❸ 背景・要因・気づいたことなど	チェック欄
ア	被害を訴える	□ ない	□ 時々ある	□ ある		
イ	状況に合わない話をする	□ ない	□ 時々ある	□ ある		
ウ	ない物が見える・聞こえる	□ ない	□ 時々ある	□ ある		
エ	気持ちが不安定	□ ない	□ 時々ある	□ ある		
オ	夜眠らない	□ ない	□ 時々ある	□ ある		
カ	荒々しい言い方や振る舞いをする	□ ない	□ 時々ある	□ ある		
キ	何度も同じ話をする	□ ない	□ 時々ある	□ ある		
ク	周囲に不快な音をたてる	□ ない	□ 時々ある	□ ある		
ケ	声かけや介護を拒む	□ ない	□ 時々ある	□ ある		
コ	大きな声をだす	□ ない	□ 時々ある	□ ある		
サ	落ち着きがない	□ ない	□ 時々ある	□ ある		
シ	歩き続ける	□ ない	□ 時々ある	□ ある		
ス	家に帰るなどの言動を繰り返す	□ ない	□ 時々ある	□ ある		
セ	一人で危険だが外へ出ようとする	□ ない	□ 時々ある	□ ある		
ソ	外出すると一人で戻れない	□ ない	□ 時々ある	□ ある		
タ	いろいろなものを集める	□ ない	□ 時々ある	□ ある		
チ	火を安全に使えない	□ ない	□ 時々ある	□ ある		
ツ	物や衣類を傷めてしまう	□ ない	□ 時々ある	□ ある		
テ	排泄物をわからず触ってしまう	□ ない	□ 時々ある	□ ある		
ト	食べられないものを口に入れる	□ ない	□ 時々ある	□ ある		
日常の意思決定認知能力 ❹						
本人・家族の主訴・要望 ❺						
事業所へのお願い（配慮） ❻						

「周辺症状の現状とその背景」は、行動障害を周辺症状と捉え、その症状が起こる要因・背景・気づいたことなどをポジティブに変換して考えられるよう構成しています。

なお、認知症の中核症状・周辺症状のある事例について、アセスメントをより一層深めることができるようセンター方式のシートも利用していきましょう。

▶周辺症状の現状とその背景シートの記入内容

記載事項	解説
❶ 現症状	・ない、時々ある、ある状態を「■」「☑」と示します ・頻度は認定調査の基準に合わせます 時々ある（月２～３回程度） ある（週１回以上） ・下欄には具体的な症状やエピソードなどを記入しましょう
❷ 周辺症状	・問題行動としてではなく、症状として捉えると、その行動の意味や、本人の不安、混乱、精神状態などを推し量ることができます
❸ 背景・要因・気づいたことなど	・周辺症状の原因やその症状を誘発するような因子、気づいたこと、可能性などを書きましょう
❹ 日常の意思決定 認知能力	・何に対する見当識障害があるのかを記入しましょう 例えば、時間・場所・人など
❺ 本人・家族の主訴・要望	・本人と家族の要望を書き分けましょう ・新規サービス導入時などはサービス事業者へ意向を伝えることができるように記入しましょう
❻ 事業所へのお願い（配慮）	・サービスを依頼するときの目的、期待、依頼事項などについて記入しましょう ・同時にいろいろなサービスが必要な場合は、サービスごとに必要な事柄を書き分けましょう

▶相談受付表

相談受付表

受付日時	年　月　日	受付方法	□ 来所　□ 電話　□ その他	受付対応者	

相談経路	
相談内容	
相談に至った経過	

一日の過ごし方	現在の生活の状況	住宅見取り図　（危険個所は▲）
4		
6		
8		
10		
12		
14		
16		
18		
20		住宅改修の必要性　（ 有 ・ 無 ） 必要個所と内容
22		
24		
2		
4		

現在利用しているサービスの状況

事業種別	頻度／月	開始日	事業所名	担当者名	電話番号 FAX	
	回				電話番号	
					FAX	
	回				電話番号	
					FAX	
	回				電話番号	
					FAX	
	回				電話番号	
					FAX	
	回				電話番号	
					FAX	
	回				電話番号	
					FAX	
	回				電話番号	
					FAX	
	回				電話番号	
					FAX	
	回				電話番号	
					FAX	
	回				電話番号	
					FAX	

相談受付表は本来、最初に記入することになるものですが、サービス事業所に情報提供をしなくてもよいようなアセスメント項目を集めて１枚にしています。

「現在利用しているサービスの状況」欄は、インフォーマルサービスも含めて、関係機関と迅速に連絡を取ることができるよう記入しておきます。

MEMO

▶まとめシート

まとめシート

記入年月日　　　年　　月　　日

現状	考える視点（原因・可能性・リスク）	解決すべき条件
	❶ ❷ ❸	

生活とは個人と環境の相互作用から形成され、さまざまな要因の関連性によって成り立ち、影響を受けています。利用者の言動、介護支援専門員が観察した情報、予測される事態を踏まえて、「何がニーズなのか」「何が目標となるのか」「どうすれば生活の目標を実現できるような手段が見つかるのか」を全体の関連性のなかから分析することが重要です。その解決すべき条件を導く思考のプロセスを、本シートでは３つに分けてまとめることができます。

まず、アセスメントから気づいた情報や課題を「現状」欄に記載し、次に「考える視点」欄では、以下の内容を記載します。

▶考える視点の記入内容

❶ 原因	・現状がこのようになっているのはなぜだろうか、どんな原因によってつくられたものなのか
❷ 可能性	・現状をこのようにすれば「望む暮らし」に向けて変化を起こせるのではないだろうか
❸ リスク	・このままでは現状がさらに悪化しないか、悪化を防ぐためにはどうすればよいだろうか

最後に、生活の目標を実現するための解決すべき条件として、さまざまなアイデアや望ましい結果の具体的なイメージがつけやすくなります。また、その内容を利用者の意向などと再確認することも可能となります。

▶認知症の中核症状と周辺症状（BPSD）　増悪をまねく多様な要因の関与

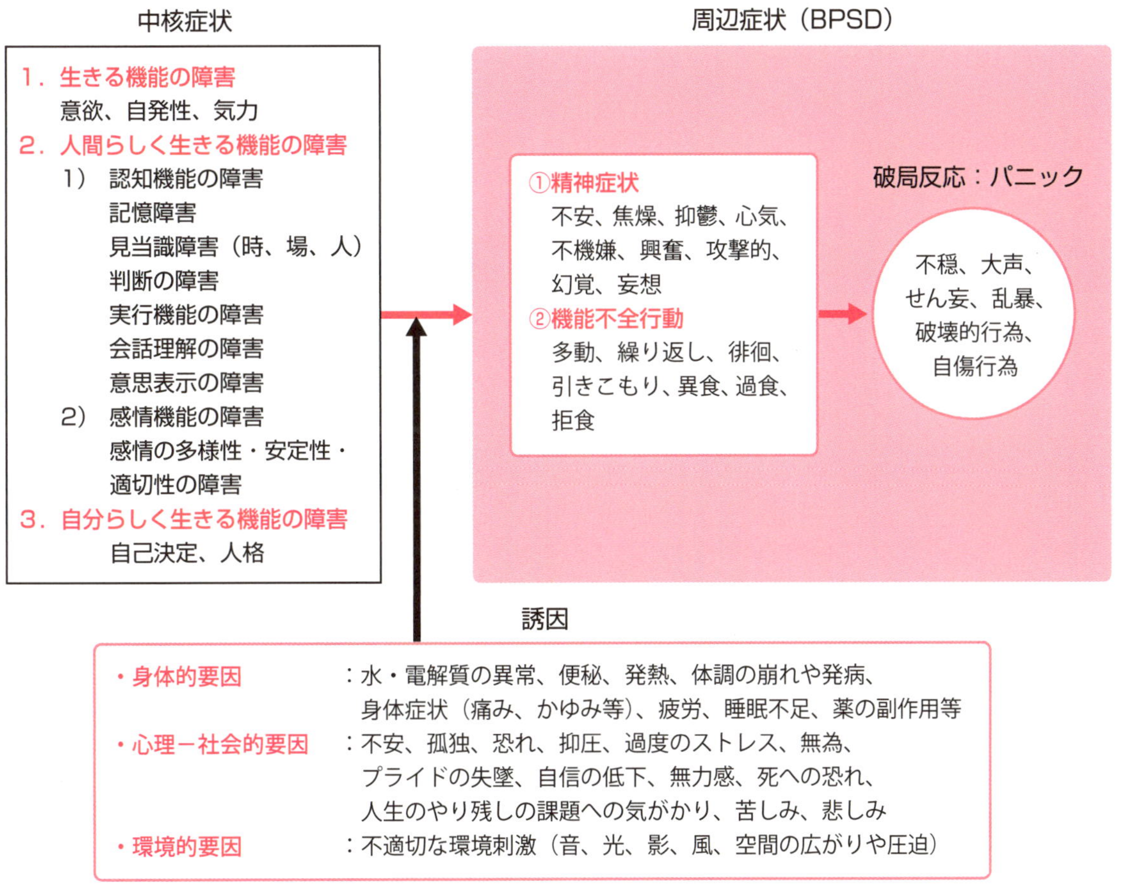

6 OCMAシート記入例

1 居宅の場合（記入例はp.34～）

記入例の利用者は、夫婦で自営業をしてきたが、70歳で廃業し、特に趣味はなく、人付き合いは苦手で読書が好きなもの静かな男性。飲酒が好きであったが、病気のため５年前からやめています。

最近２か月で急速に認知症が進み、排泄の失敗も増えており、ご自身も混乱し、ご家族に戸惑いや疲労感がある事例です。

コンパクトアセスメント

「ADLと現在の状況」のチェック欄の下に、状態像が具体的にわかるようにコメントを記入します。次に、能力や可能性、精神心理状態などを記載します。

例えば「起き上がり」について、全介助のチェックだけでは状況がよくわかりませんが、手を引っ張って起き上がりの介助をしているという介助状況がわかり、「能力や可能性／精神心理状態など」欄から、運動能力はあるが、起き上がり方がわからないと考えられます。ベッドや手すりがあれば起き上がりやすくなるかもしれない状況がよくわかります。

周辺症状の現状とその背景

「現症状」のチェック欄の下に、状態像が具体的にわかるようにコメントを記入します。

例えば、「被害を訴える」欄について、「ある」にチェックされ、“書類がなくなったと言う。窓を開けているとすぐ閉めてまわる”という状況がわかり、「背景・要因・気づいたことなど」欄からは、“書類を多く扱う仕事であった。窓を開けていると書類が取られるという思いがあるのか”という背景・要因がわかります。

まとめのシート

「現状」の右の「考える視点（原因・可能性・リスク）」欄であらゆることを考えて、「解決すべき条件」を導き出します。

例えば、「布団からの起き上がり」について、次に示します。

「現状」：布団からの起き上がり、立ち上がりが自分でできないので、妻が手を引っ張って介助している。そのため妻が腰痛や疲労感を訴えている。
「原因」：自分で起き上がる意欲がない。
「可能性」：環境が整えば自分で起き上がることができるかもしれない。
「解決すべき条件」は運動能力的に起き上がりができないのか、起き上がり方がわからないのか、ギャッジベッドがあったほうがいいかどうか不明。デイサービスで経過を見て、よい方法を教えてもらうことにする。

このように、生活目標を実現するために解決すべき条件をまとめていくことでケアプランの根拠を示すことになります。個別の細かい情報が状態像をよりわかりやすくすることにより、分析に役立ちます。サービス事業所や施設、病院との連携の場においても、介護支援専門員の視点がわかったうえで新たな視点からの情報提供を得ることができます。

居宅では、利用者本人の生活状況の緊急性、介護者の心身両面の介護負担軽減の面等から、迅速な対応が求められます。OCMAシートは、現場で簡便に記入でき、コンパクトに情報提供ができます。

2　施設の場合（記入例はp.39 ～）

記入例の利用者は、中学校の教員を退職後、近所の子どもたちに英会話を教えたりしていました。妻の他界後、1人暮らしとなります。子どもはなく、近親者は姪ですが、普段の交流はありません。

食事摂取が不十分であり、通所介護を利用していました。成年後見制度の申請を行っており、施設入所を考えた短期入所活用事例です。

コンパクトアセスメント

アセスメント項目に対応した「現在の状況」「能力や可能性」について記載します。

本記入例においては、歩行や移乗が自立であり、活動能力が維持されていることが確認できます。一方、入浴や排泄に介助を要しており、その内容や状況が記載されることで、利用者の現況が理解できる記録となっています。

周辺症状の現状とその背景

周辺症状の状態像がチェック欄の下に具体的に記載されています。認知症の診断名があるが、発生している生活障害は利用者個々によって違いがあります。アセスメントによる利用者固有の状況に関する記載が、ケアプランの原案作成に導く根拠となります。「背景や要因・気づいたことなど」を多く情報収集することに留意する必要があります。

まとめのシート

情報の収集を経た分析内容を明らかにするシートとなります。担当介護支援専門員が利用者の望む暮らしの実現に向け、どのような社会資源を活用すればよいと考えたのか整理して記載します。

記入例にある可能性に着眼した記載内容は、今後、施設でどのように過ごしていただくかの留意点であり、支援のポイントにもなります。

施設入所がこれまでの生活と連動し、施設の機能を活かした利用者らしい生活を続けていただくためには、これまでの生活から得られたさまざまな情報が大切な宝となります。OCMAシートには「事業所へのお願い（配慮）」を記載する欄が設けてあります。利用者の代弁機能を有する介護支援専門員にとって有益な項目です。積極的に活用し、チームアプローチの促進にも活用できます。

▶居宅の記入例：基本情報シート

基本情報

支援事業所	○○○○	事業所番号	×××××××××	介護支援専門員	○○　○○
所在地	○○市○○	TEL	○○-○○○○-○○○○	FAX	○○-○○○○-○○○○

受付日時	○　年　○　月　○　日　○　時	受付対応者	○○　○○	受付方法	来所　(TEL)　その他
訪問日	○年○月○日	課題分析場所	☑　自宅　□　施設（　　　　）	理由	☑初回　□定期　□退院退所

フリガナ	××××	生年月日	M　T　(S)　H　○　年　○　月　○　日　☑男性　□女性
氏　名	○○○○	被保険者番号	○○○○○○○○○○○
現住所	〒　　　－ ○○市○○	保険者番号	△△△△△△△
電話番号		福祉サービス利用援助事業	□　成年後見 □　日常生活

家族等連絡先	家族名	年齢	続柄	同・別居	電話番号	緊急連絡順
	○○○○	70	妻	同	○○○-○○○○-○○○○	1
	○○○○	45	長女	別	○○○-○○○○-○○○○	2

家族構成

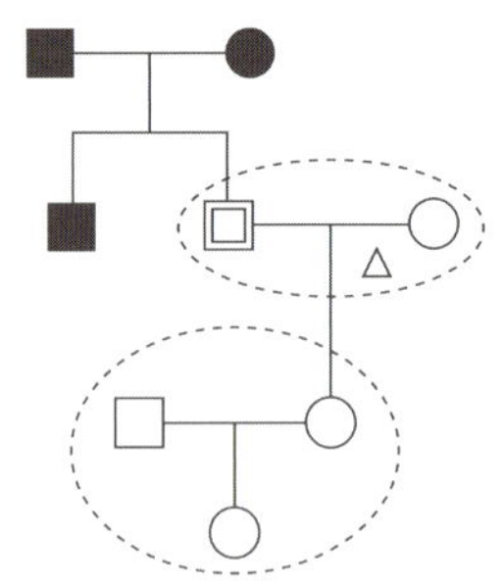

□男　○女　◎本人　●死亡　△キーパーソン

介護者に関する情報					
主たる介護者	妻	意思	(有)・無	負担感	(有)・無
妻は腰痛があるが、日常の介護を何とかしている。近くに住む長女が、受診時など車で送迎の協力をしてくれている。長女は自営業のため、定休日以外は多忙。					

生活歴	趣味・特技など
○○県出身。夫婦で自営業をしてきた。70歳でやめた。特に趣味もなく、人付き合いは苦手で読書好きなもの静かな人だった。飲酒が好きだったが、病気のため5年前からやめている。	新聞や本を読むこと。

要介護度	認定日	有効期間		
3	○　年　○　月　○　日	○　年　○　月　○　日　～　○　年　○　月　○　日		
支給限度額	交付年月日	障がい自立度	認知症自立度	審査会の意見
26750	○　年　○　月　○　日	A1	Ⅱb	なし

① 医療機関名	○○	診療科目	内科	主治医	○○○○	回数	1　回　／　週・(月)
所在地	○○市○○	TEL		FAX			
② 医療機関名	××	診療科目	泌尿器科	主治医	×××	回数	1　回　／　週・(月)
所在地	○○市○○	TEL		FAX			

健康状態		病　名	症状・痛み・経過・その他
既往症	①	脳梗塞	○年○月　右脳梗塞で救急搬送されたが、後遺症はなかった。 ○年○月　心筋梗塞でステントを挿入。 ○年○月　再度、脳梗塞を起こし、右半身麻痺になった。
	②	心筋梗塞	
主傷病	①	右半身麻痺	認知症に関しては○年○月○○病院を受診し投薬されたが、余計に悪化したような感じがして、勝手に薬をやめ、その後受診していない。 頻尿のため、泌尿器科で薬の調整中。
	②	認知症	
	③	前立腺肥大	

主治医の意見より	陳旧性心筋梗塞にて通院中。病状は安定している。運動障害に加え、認知機能障害を認める。

健康保険	後期高齢者医療		☑　本人　□　家族		医療費負担割合	1　割
公費負担		負担割合　　　割	生保　□	担当CW	負担限度額認定	3　段階
障害者手帳	□　有　☑　無		経済状況	持ち家　国民年金		

▶居宅の記入例：コンパクトアセスメントシート

コンパクトアセスメント

記入年月日　○ 年 ○ 月 ○ 日

		ADLと現在の状況	能力や可能性／精神心理状態など	チェック欄
ADLおよびIADL	寝返り	☑ 自立 ☐ 一部介助 ☐ 全介助 布団に寝ている。		
	起き上がり	☐ 自立 ☐ 一部介助 ☑ 全介助 手を引っ張って起き上がりの介助をしている。	ベッド、手すりがあれば起き上がりがしやすくなる。運動能力はあるが、起き上がり方がわからないと思われる。	✓
	座位	☑ 自立 ☐ 一部介助 ☐ 全介助 座位は取れるが、すぐにもたれて居眠りをしてしまう。	他者との交流、刺激が必要である。	✓
	立位	☑ 自立 ☐ 一部介助 ☐ 全介助 持つところがあれば、立っていられる。		
	移乗	☑ 自立 ☐ 一部介助 ☐ 全介助		
	歩行	☑ 自立 ☐ 一部介助 ☐ 全介助 すり足で小刻みに歩く。不安定。	転倒の危険がある。運動の機会をつくり、下肢筋力やバランス感覚の低下を予防する必要がある。	✓
	着衣	☐ 自立 ☐ 一部介助 ☑ 全介助 着方がわからず、ズボンを頭からかぶろうとしたりすることがある。	そばについてやさしく声掛けすれば、自分でできる可能性あり。	✓
	入浴	☐ 自立 ☑ 一部介助 ☐ 全介助 妻が背や頭を洗っている。前は自分で洗っているが、きっちり洗えていない。	妻は腰痛があり、入浴介助の負担を訴えている。	✓
	排泄 後始末	☐ 自立 ☐ 一部介助 ☑ 全介助 紙パンツを使用しているが、トイレへ行く前に先に脱いでしまったりして、失敗している。夜間3～4回トイレへ行く。 失禁 ☑ 有 ☐ 無　回数　尿 10 回／日　便	トイレの場所がわからず、間に合わなくなる。夜間はその都度妻がつきそわなければならず、妻が負担を訴えている。 1 回／ 1 日　コントロール方法　酸化マグネシウム服用	✓
	食事摂取	☐ 自立 ☑ 一部介助 ☐ 全介助 同じものばかり食べるので、順番に食べるよう声掛けしている。バランなど食べられないものも口に入れてしまう。 栄養状態 ☑ 良 ☐ 不良　食事回数 3 回　水分摂取量	一緒に食べると、簡単な声掛けで大丈夫。 ☑ 良 ☐ 不良　1500 cc／日	
	口腔ケア 衛生	☐ 自立 ☑ 一部介助 ☐ 全介助 声をかけるとできる。放っておくと、歯ブラシを口にいれたまま歩いていってしまう。 口腔内の状態 ☑ 良 ☐ 不良　義歯 ☐ 有 ☑ 無	そばで見守り、声掛けが必要。 ☐ 全 ☐ 部分 ☐ 上 ☐ 下	
	調理	☐ 自立 ☐ 一部介助 ☑ 全介助 まったくしていない。自営をしていた頃は軽食をつくってくれていた。	人と一緒にすれば調理は好きみたいであるが、妻は火を使ってほしくないと思っている。	✓
	買物	☐ 自立 ☐ 一部介助 ☑ 全介助 坂が多いため、長女が車に乗せてくれる以外は外出できない。	アシスト付き電動車いすがあれば、妻の介助で一緒に買い物に出かけることができる。	✓
	環境整備 掃除	☐ 自立 ☐ 一部介助 ☑ 全介助 本や書類をいろいろと動かしている。雑然としており、妻がわからなくなってしまう。	自分なりに整理している様子。自営の頃によくしていた。	
	金銭管理	☐ 自立 ☐ 一部介助 ☑ 全介助 まったく使うことはない。	買い物に一緒に行けば、品物を選んだり、お金を扱う機会が増える。	✓
	服薬状況	☐ 自立 ☑ 一部介助 ☐ 全介助 食後に1回分ずつ手渡すと自分で飲める。	食後に服薬することは習慣化している。	
褥瘡の程度 皮膚の清潔状況		特になし		
特別な状況 虐待・ターミナル		特になし		
社会とのかかわり	参加意欲	長女が車に乗せてくれるときは、にこにこしている。	戸外へ出かけることは喜んでいると思われる。	✓
	変化	1人で行けないので出かける機会は極端に減った。		
	喪失感 孤独感等	自らの訴えはない。		
コミュニケーション	視力	☑ 良好 ☐ 不良　聴力 ☑ 良好 ☐ 不良	自発的に話すことはないが、来客に対してにこにことして相づち程度で接することができる。	
	意思の伝達	☐ 良好 ☑ 不良　電話 ☐ 良好 ☑ 不良		
		聞かれたことに対してそぐわない言葉が出ることがある。聞き返すと話さなくなってしまう。		
服薬内容		バイアスピリン、アーチスト、サアミオン、プラグロン、酸化マグネシウム、ガスター、メバロチン		

▶居宅の記入例：周辺症状の現状とその背景シート

周辺症状の現状とその背景

記入年月日　○ 年 ○ 月 ○ 日

周辺症状		現症状	背景･要因・気づいたことなど	チェック欄
ア	被害を訴える	☐ ない ☐ 時々ある ☑ ある 書類がなくなったと言う。窓を開けているとすぐに閉めてまわる。	書類を多く扱う仕事であった。窓を開けていると書類を取られるという思いがあるのか。	
イ	状況に合わない話をする	☐ ない ☐ 時々ある ☑ ある 「今から飛行機に乗る」など急に言い出すことがある。		
ウ	ない物が見える・聞こえる	☐ ない ☐ 時々ある ☑ ある 「電話が鳴っている」とよく言う。	実際に電話が鳴っていても妻が気付かないという事実もある。	
エ	気持ちが不安定	☑ ない ☐ 時々ある ☐ ある		
オ	夜眠らない	☐ ない ☐ 時々ある ☑ ある 頻尿で夜間眠れないとき、妻にも「もう起きろ」と言う。	昼間に居眠りが多い。昼間の活動が増えれば夜間睡眠がとれる可能性がある。	✓
カ	荒々しい言い方や振る舞いをする	☐ ない ☑ 時々ある ☐ ある 排泄の失敗を妻が嘆いていると、表情が険しくなり、怒りっぽくなる。	夫婦間の感情が出てしまっている。	
キ	何度も同じ話をする	☐ ない ☐ 時々ある ☑ ある 「飛行機に乗る」などと言い出したら止まらない。	娘に電話をしてきてもらって、気分を変えるようにしている。	
ク	周囲に不快な音をたてる	☑ ない ☐ 時々ある ☐ ある		
ケ	声かけや介護を拒む	☐ ない ☐ 時々ある ☑ ある 玄関やテレビの前でズボンを下ろし、排泄しようとし、「待って」と止めても抵抗し、排泄してしまう。	妻の大きな負担になっている。妻が怒ってしまうし、妻も疲れている。	
コ	大きな声をだす	☑ ない ☐ 時々ある ☐ ある		
サ	落ち着きがない	☐ ない ☑ 時々ある ☐ ある またしても玄関の方へ行こうとする。	夜間でもときどき外へ行こうとすることが妻の負担になっている。	
シ	歩き続ける	☑ ない ☐ 時々ある ☐ ある		
ス	家に帰るなどの言動を繰り返す	☑ ない ☐ 時々ある ☐ ある		
セ	一人で危険だが外へ出ようとする	☐ ない ☐ 時々ある ☑ ある 夜間でも１人で出て行こうとする。	門扉がひもでくくられているので、出て行ってしまうことはない。	
ソ	外出すると一人で戻れない	☑ ない ☐ 時々ある ☐ ある １人で外へは出られないようにしている。		
タ	いろいろなものを集める	☑ ない ☐ 時々ある ☐ ある		
チ	火を安全に使えない	☑ ない ☐ 時々ある ☐ ある		
ツ	物や衣類を傷めてしまう	☑ ない ☐ 時々ある ☐ ある		
テ	排泄物をわからず触ってしまう	☑ ない ☐ 時々ある ☐ ある		
ト	食べられないものを口に入れる	☐ ない ☐ 時々ある ☑ ある 食事の飾り物（バランなど）を口に入れる。	区別がつきにくいものは避ける。一緒に食べることで防げる。	
日常の意思決定認知能力		イエス、ノーの返事はできるが、不適切なことがあり、常時見守りが必要。		
本人・家族の主訴・要望		本人　特に困ったことはない。 家族　これ以上認知症が進まないよう、刺激のある生活をしてほしい。夜間トイレに起こされるので、体がもたない。休憩したい。		
事業所へのお願い（配慮）		排泄の失敗が多くなり、ご自身も混乱されていると思われます。２か月間で急に認知症が進んでこられましたので、妻も戸惑いと疲労感があります。外出して違う体験をしてもらいたいと思いますが、もともと人との交流を好む方ではありません。適切な対応ができるような家族へのアドバイスもお願いします。		

▶居宅の記入例：相談受付表

相談受付表

受付日時	○ 年 ○ 月 ○ 日	受付方法	□ 来所 ☑ 電話 □ その他	受付対応者	○○ ○○
相談経路	娘から直接依頼。				
相談内容	夜間頻尿であるが、どこで排尿するかわからないため、妻が起きて介助しなければならず、疲れてきている。自宅で介護していけるだろうか。				
相談に至った経過	急に認知症が進んできたので、内科医よりも脳神経外科を紹介され、検査の予約をしている。同時に介護保険サービスを利用するよう、主治医より勧められた。				

一日の過ごし方

時刻	
4	
6	
8	起床 朝食
10	
12	昼食
14	
16	
18	夕食
20	
22	就寝
24	
2	
4	

現在の生活の状況

日中はソファに座ったかと思えばすぐに居眠りをしている。

起きているときは書類を何か整理しているような感じで動いている。

夕食後、玄関の方に行こうとして、庭に出てしまったりする。
ほとんど妻が見守り介助している。

住宅見取り図　（危険個所は▲）

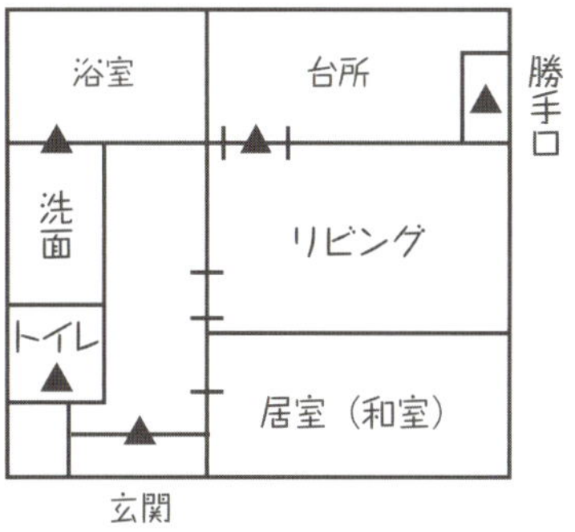

住宅改修の必要性　（㊒・無）
必要個所と内容

トイレが和式
トイレと風呂に手すりがない

現在利用しているサービスの状況

事業種別	頻度／月	開始日	事業所名	担当者名	電話番号 FAX	
	回				電話番号	
					FAX	
	回				電話番号	
					FAX	
	回				電話番号	
					FAX	
	回				電話番号	
					FAX	
	回				電話番号	
					FAX	
	回				電話番号	
					FAX	
	回				電話番号	
					FAX	
	回				電話番号	
					FAX	
	回				電話番号	
					FAX	
	回				電話番号	
					FAX	

▶居宅の記入例：まとめシート

まとめシート　　　　記入年月日　○ 年 ○ 月 ○ 日

現状	考える視点（原因・可能性・リスク）	解決すべき条件
歩行が不安定、家に閉じこもって生活している。自宅周辺は坂道で、歩行が難しく、車いすの操作も介護者に負担がかかる。 買い物やお金を使う機会もない。	原因 認知症から意欲の低下があり、妻も腰痛のため、戸外へ連れ出す積極的な行動に出られなかったため、下肢筋力が低下してきている。 可能性 安全な場所で歩行する機会が増えると、歩行能力も改善する。夜間戸外へ出ようとする行動が減るかもしれない。 戸外へ出るのがうれしいようなので、買いたいものを自分で選ぶのもよい刺激になる。 リスク 歩行が不安定になり、転倒のリスクが増える。戸外へ出られないと、１人で出たがる行動が増えるかもしれない。	デイサービスを利用し安全に外出する機会をつくる。 デイサービスで個別機能訓練を利用する。 また、早めにトイレ誘導することにより歩行の機会を増やす。 妻の精神的負担を支援し、離れる時間をもてることで、妻も一緒に散歩したり、買い物に行く気持ちのゆとりをもてるようにしていく。 アシスト付きの電動車いすをレンタルすれば、夫婦で散歩したり、娘宅まで出かけたりすることができる。 娘にも協力を得る。
ほとんどのIADLが自分でできないので声掛けが必要。 もともと人と話すのが嫌いで、読書好きであったが、今は本も読めなくなっている。 １人でいるとすぐ居眠りをしてしまう。	原因 認知症からくる意欲低下がある。 可能性 好きなことや楽しみを見つけることで、夫婦の会話も広がり、活動性が増す。 リスク 妻が疲れているので、声掛けが適切でなくなると、周辺症状につながりやすくなる。	適切な声掛けがあると、自分でできることがいろいろある。違和感や抵抗感がないようにデイサービスの活動に誘うことで、できることや対応方法を妻に情報提供をしてもらうようにする。 定期的に外出することに慣れ、馴染みの人、場所をつくるため週３回デイサービスを利用していく。 慣れるまで、３回くらいは送迎の担当者は同じ人にお願いする。 妻が認知症の家族会などに参加できる時間を確保できるようにする。
夜間頻尿で、トイレの場所がわからないので、都度妻が起きて付き添わないといけない。 布団からの起き上がり、立ち上がりが自分でできないので、妻が手を引っ張って介助している。 そのため妻が腰痛や疲労感を訴えている。	原因 前立腺肥大の治療中。 夜間の睡眠が浅い。 自分で起き上がる意欲がない。 可能性 受診、治療の継続。 日中の活動を増やすことで、夜間に眠れるようになれば排尿回数も減るかもしれない。 環境が整えば自分で起き上がることができるかもしれない。 リスク 妻が声を荒げることが多くなっているため、夜間の混乱が増強する。 夜間の睡眠不足で昼間の居眠りが増え、活動が減る。	デイサービスで日中の活動を増やすことで夜間睡眠をとりやすくなるようにする。 デイサービスで入浴介助を行うことで妻の腰痛の負担を減らす。 妻が疲労感で涙ぐんでいるため、デイサービスに慣れてくれば、ショートステイも利用し、妻も休憩をとりつつ介護できるようにしていく。 運動能力的に起き上がりができないのか、起き上がり方がわからないのか、ギャッジベッドがあった方がいいかどうか不明。デイサービスで経過を見て、よい方法を教えてもらうことにする。

▶施設の記入例：基本情報シート

基本情報

支援事業所	(○○短期生活介護)	事業所番号	×××××××××	介護支援専門員	○○　○○
所在地	○市○町	TEL	○○-○○○○-○○○○	FAX	○○-○○○○-○○○○

受付日時	○ 年 ○ 月 ○ 日 ○ 時	受付対応者	○○　○○	受付方法	来所　TEL　その他
訪問日	○年○月○日	課題分析場所	□ 自宅　☑ 施設（　　）	理由	☑初回　□定期　□退院退所

フリガナ		生年月日	M T S H ○ 年 ○ 月 ○ 日　☑男性　□女性
氏　名	○○○○	被保険者番号	○○○○○○○○○○
		保険者番号	△△△△△△△
現住所	〒　　― ○市○町	福祉サービス利用援助事業	□ 成年後見　□ 日常生活
電話番号	○○○○		

家族等連絡先	家族名	年齢	続柄	同・別居	電話番号	緊急連絡順
	○○○○		姪	別	○○○-○○○○-○○○○	1

介護者に関する情報				
主たる介護者	○○	意思	有・無	負担感　有・無
介護する気持ちはないが、何かあったら姪として関わるつもりはある。後見人の申し立てを行った。				

家族構成

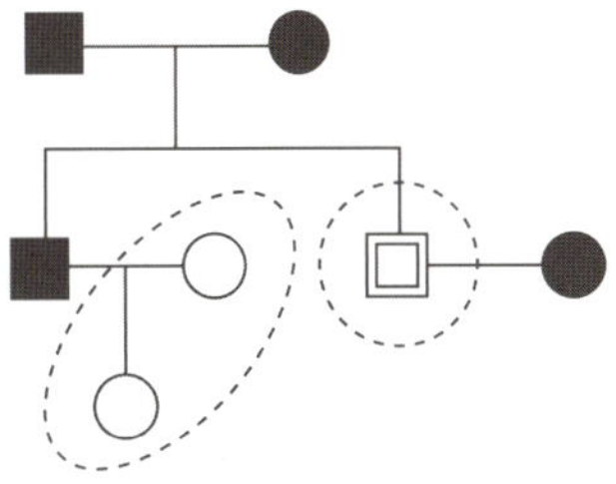

□男　○女　◎本人　●死亡　△キーパーソン

生活歴	
	中学校教員をしていた。退職後は近所の子どもたちに英会話などを教えながら庭いじりを楽しんでいた。子どもはなく、妻の他界後長く1人暮らしをしていたが、心細くなると1日に何度も民生委員を訪ねていた。

趣味・特技など
書道　英会話

要介護度	認定日	有効期間		
2	○ 年 ○ 月 ○ 日	○ 年 ○ 月 ○ 日 ～ ○ 年 ○ 月 ○ 日		
支給限度額	交付年月日	障がい自立度	認知症自立度	審査会の意見
19480	○ 年 ○ 月 ○ 日	A1	Ⅲa	なし

① 医療機関名	○○	診療科目	心療内科	主治医	C医師	回数	1 回 ／ 週・月
所在地	○○○○	TEL				FAX	
② 医療機関名	×××	診療科目	内科	主治医	D医師	回数	1 回 ／ 週・月
所在地	○○○○	TEL				FAX	

健康状態		病　名	症状・痛み・経過・その他
既往症	①	心室性期外収縮	○○病院で定期検診。
	②		
主傷病	①	上腕骨骨頭部骨折	
	②	認知症	
	③		

主治医の意見より	生活環境が整えば、精神的にも落ち着いてくると思われる。

健康保険	後期高齢者医療			☑ 本人　□ 家族		医療費負担割合	割
公費負担		負担割合	割	生保 □	担当CW	負担限度額認定	4 段階
障害者手帳	□ 有　☑ 無				経済状況	良好	

▶施設の記入例：コンパクトアセスメントシート

コンパクトアセスメント

記入年月日　　○　年　○　月　○　日

		ADLと現在の状況	能力や可能性／精神心理状態など	チェック欄
ADLおよびIADL	寝返り	☑ 自立　□ 一部介助　□ 全介助 ベッド柵を持って寝返る。		
	起き上がり	☑ 自立　□ 一部介助　□ 全介助 ベッド柵を持って起き上がる。		
	座位	☑ 自立　□ 一部介助　□ 全介助		
	立位	☑ 自立　□ 一部介助　□ 全介助		
	移乗	☑ 自立　□ 一部介助　□ 全介助		
	歩行	☑ 自立　□ 一部介助　□ 全介助 すり足歩行が多く、つまづきやすい。	認知症の進行に伴う影響なのか、また何か疾患があるのかもしれない。	✓
	着衣	□ 自立　☑ 一部介助　□ 全介助 決まった服を着用する。着替えには応じない。	着衣の順番はあいまい。袖を通す動作も促す必要がある。着替える目的など理解できない。	✓
	入浴	□ 自立　□ 一部介助　☑ 全介助 入浴はとても嫌がる。介護者を払いのけ、逃げる（デイサービス情報）。現在シャワーのみ。	湯船に入ると嫌がるかもしれない。	✓
	排泄 後始末	□ 自立　☑ 一部介助　□ 全介助 リハビリパンツ使用。自宅でトイレに行くが後始末ができず、パッドを放置。失禁あり。 失禁　☑ 有　□ 無　回数　尿　5 回／日　便　1 回／ 3 日	トイレに座って排泄しようという気持ちがある。濡れた衣類を取り換えたいという気持ちがあるがうまくいかない。 コントロール方法　ラキソベロン	
	食事摂取	☑ 自立　□ 一部介助　□ 全介助 自主摂取できる。 栄養状態　☑ 良　□ 不良　食事回数　3 回　水分摂取量	特に好き嫌いはない。箸の使い方は抜群にうまい。 ☑ 良　□ 不良　1000 cc／日	
	口腔ケア 衛生	□ 自立　☑ 一部介助　□ 全介助 歯ブラシを渡すと口に入れるが、すぐにテーブルの上に置いてしまう。 口腔内の状態　□ 良　☑ 不良　義歯　□ 有　☑ 無	歯磨きの習慣はある。本人のみでは清潔保持困難。 □ 全　□ 部分　□ 上　□ 下	
	調理	□ 自立　□ 一部介助　☑ 全介助 関心がない様子。	元気な頃から、あまり得意ではなかったとのこと。	
	買物	□ 自立　□ 一部介助　☑ 全介助 最近は自分では行っていないとのこと（民生委員から聞く）。	ほしいと思うものを見つけるためにも、買い物・外出できればいいと思う。	
	環境整備 掃除	□ 自立　□ 一部介助　☑ 全介助 掃除には関心示さず。	できれば、自分の部屋に近い環境にすれば、安心感を感じてもらえるのではないかと思う。	
	金銭管理	□ 自立　□ 一部介助　☑ 全介助	手提げカバンの中にお金が入っており、いつも離さないので、大切なものであると認識している。	
	服薬状況	□ 自立　□ 一部介助　☑ 全介助 目の前に置いておくが自分では服薬しようとしない。手のひらにのせると服用する。	元気な方なので、薬を飲む習慣はなかったのか。	
褥瘡の程度 皮膚の清潔状況		特になし		
特別な状況 虐待・ターミナル		上腕骨骨頭部骨折のため、包帯で固定。		
社会とのかかわり	参加意欲	他の人が側によっていっても嫌がることはない。		
	変化	特になし。		
	喪失感 孤独感等	自らの訴えはない。		
コミュニケーション		視力　☑ 良好　□ 不良　聴力　☑ 良好　□ 不良 意思の伝達　□ 良好　☑ 不良　電話　□ 良好　☑ 不良 言葉で表現できることは少ない。「デイサービス行く」で何かしたいことがあるとわかる。	言葉は非常にていねいで、イライラしているときでも「嫌だ」と言うくらいで、荒っぽい言葉を知らないのかなと思う。	✓
服薬内容		ラキソベロン、デパス錠		

▶施設の記入例：周辺症状の現状とその背景シート

周辺症状の現状とその背景

記入年月日　○ 年 ○ 月 ○ 日

	周辺症状	現症状	背景・要因・気づいたことなど	チェック欄
ア	被害を訴える	☑ ない　□ 時々ある　□ ある		
イ	状況に合わない話をする	□ ない　☑ 時々ある　□ ある 何を聞いても「デイサービス行こ」と問い返す。	デイサービスに行っていた頃の楽しかったことや、1人で不安なときにデイサービスで得られた安心感がある。	
ウ	ない物が見える・聞こえる	☑ ない　□ 時々ある　□ ある		
エ	気持ちが不安定	□ ない　☑ 時々ある　□ ある 「いやもう」と地団駄を踏んでいることがあり、険しい顔でよく歩きまわる。	自分の思いを伝えられないもどかしさがある。	
オ	夜眠らない	□ ない　□ 時々ある　☑ ある 夜間もちょくちょく歩いている。	疲れるほどの活動はしていない。朝になったから歯磨きという日課はわかっていない。	
カ	荒々しい言い方や振る舞いをする	□ ない　□ 時々ある　☑ ある 言葉は穏やかだが、立っている人を後ろから力いっぱい押す。	目ざわりなのか。関わりたいからなのか不明。	✓
キ	何度も同じ話をする	□ ない　☑ 時々ある　□ ある		
ク	周囲に不快な音をたてる	☑ ない　□ 時々ある　□ ある		
ケ	声かけや介護を拒む	□ ない　☑ 時々ある　□ ある 着替えは拒む。		
コ	大きな声をだす	☑ ない　□ 時々ある　□ ある		
サ	落ち着きがない	□ ない　□ 時々ある　☑ ある 座ってくつろぐことは少ない。食事が終わると歩いている。	まだまだ慣れた環境ではない。タンスに衣類を収納すると、たちまちカバンに全部詰め込んでしまう。	
シ	歩き続ける	□ ない　□ 時々ある　☑ ある 昼も、夜も、眠っていないときは、所在なく歩くことが多い。	最近尻もちをつくことがあった。転倒の可能性もある。	✓
ス	家に帰るなどの言動を繰り返す	☑ ない　□ 時々ある　□ ある		
セ	一人で危険だが外へ出ようとする	☑ ない　□ 時々ある　□ ある 玄関まで来ても外をながめるだけ。		
ソ	外出すると一人で戻れない	□ ない　☑ 時々ある　□ ある 1階まで降りてきて、戻れなくなることがある。	慎重に行動している。誰かについていくが、見失ってしまう。	
タ	いろいろなものを集める	□ ない　☑ 時々ある　□ ある 他の人の居室から、タオル等を持ってくる。		
チ	火を安全に使えない	☑ ない　□ 時々ある　□ ある 火を使う環境にない。		
ツ	物や衣類を傷めてしまう	□ ない　☑ 時々ある　□ ある 衣類を引き裂く。	ストレスがあると思われる。	
テ	排泄物をわからず触ってしまう	☑ ない　□ 時々ある　□ ある		✓
ト	食べられないものを口に入れる	☑ ない　□ 時々ある　□ ある		
日常の意思決定認知能力		自分の意思を決定することは難しいが、その場の不快感は表現できる。		
本人・家族の主訴・要望		本人：デイサービス行きたい。嫌なことはしたくない。 家族：とにかく元気で過ごしてほしい。本人が持っているお金は、本人のためであるなら、遠慮なく使ってほしい。 後見人：本人が安心して過ごせる場を見つけたい。できたらここで落ち着いてほしい。		
事業所へのお願い（配慮）		特養　SS担当者から　居宅介護支援事業所へ　自宅での様子を教えてください。 デイサービス事業所へ　デイサービスでの様子を教えてください。他の人を押す行為があったのかどうか、好きな歌や食べ物など教えてほしい。 特別養護老人ホーム　（ケア）興味のあることを見つけてください。痛みもあると思われますが、安静にさせようとしても動くので、自由に行動できるよう見守ってください。（看護）毎日包帯の状態をみてください。		

▶施設の記入例：相談受付表シート

相談受付表

受付日時	○　年 ○ 月 ○ 日	受付方法	☑ 来所 □ 電話 □ その他	受付対応者	○○　○○

相談経路	○○居宅介護支援センターより
相談内容	現在、デイサービスを週５日使って何とか生活しているが、「困った、困った」と毎日近くの民生委員の自宅を訪れている。デイサービス以外では食事もとれていないと思われ、寒いのに火事を心配して、ガスの栓を止められており、自宅でふるえている。転倒し、右上腕骨骨頭部骨折しており、少しほっとできるところで、生活できればと考えている。ショート利用をお願いしたい。
相談に至った経過	１年前くらいより、もの忘れが進み、心細さを近所の方に訴えていたとのこと。近所の方が中心になって見守りをされ、１人暮らしを行ってきた。○○デイサービスに行くまでは、食事もあまりとれておらず、着のみ着のままの生活であった。民生委員が姪に連絡するが、介護はできない状況にあるとのことで、成年後見を姪が申し立てた。○○居宅介護支援センターは、デイサービスを利用しながら在宅を支援してきたが、24時間の見守りが必要と判断したとのこと。

一日の過ごし方

時刻	
4	
6	起床
8	
10	デイサービスに行く
12	
14	
16	
18	デイサービスから戻る
20	
22	
24	
2	
4	

現在の生活の状況

その他の情報
古く閑静な住宅街の自宅で１人暮らしをされてきた。教員をされていたこともあったとのこと。自宅で近所の子どもに英語を教えるなどもしていた。誰に対しても優しい言葉や態度で接しておられるが、いつも腕にかけている小さなバッグを決して離さない。デイサービスのお風呂場（シャワーのみ）へもビニールに包んで持ち込んでいるとのこと。
今回のショートステイ利用は、近い将来入所を考えてのことである。
（担当居宅介護支援専門員より聞く）

住宅見取り図　（危険個所は▲）

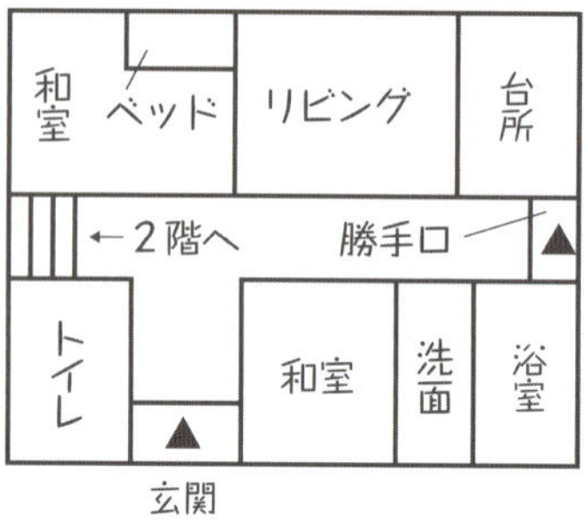

住宅改修の必要性　（ 有 ・ 無 ）
必要個所と内容

現在利用しているサービスの状況

事業種別	頻度／月	開始日	事業所名	担当者名	電話番号 FAX	
デイサービス	16　回	○／○	□□デイサービス	○○	電話番号	××××
					FAX	
	回				電話番号	
					FAX	
	回				電話番号	
					FAX	
	回				電話番号	
					FAX	
	回				電話番号	
					FAX	
	回				電話番号	
					FAX	
	回				電話番号	
					FAX	
	回				電話番号	
					FAX	
	回				電話番号	
					FAX	
	回				電話番号	
					FAX	

▶施設の記入例：まとめシート

まとめシート

記入年月日　○ 年 ○ 月 ○ 日

現状	考える視点（原因・可能性・リスク）	解決すべき条件
フロアで立っている人を見ると、後ろから近寄って行って押す。押された方が転倒し、本氏を怖がる。	原因 ・認知機能の低下による失認のほか、教師であった職歴の影響からか、他者の行動が気になり誘発しているものと考える。 可能性 ・どうかかわってよいかわからず、肩や背中を押す力の加減ができないため混乱してしまう。 ・立っている人がいることが目障りだと感じて押しのけようとする。特にショートステイの人がウロウロしていると、自分のテリトリーを侵略されたように感じてしまう。 ・押された人が転んで骨折などの危険がある。また、スタッフなどから「押さないで、だめです」と言われると、なぜだかわからずストレスになる。 ・他の利用者が「あの人怖い」と話すことでイライラする。 リスク ・孤立した生活になる。 ・他者との共同生活が営めなくなる。	・なぜ押すのかわからない状態なので、いつ、どういったときに押すのかをよく観察するし、押す行為の要因を把握する。 ・歩行している他の利用者と本氏が互いに落ち着いて意識しあえる場（同じテーブルで食事をする）などをつくる。
以前から同じ衣服を着用し、着替えを嫌がる。着替えの衣服をタンスに入れると怒って全部出したり、裂いたりする。カバンに入れておくと納得している。今は痛みもある。	原因 ・上腕骨折による痛み ・認知機能低下による着脱行為や着替えの必要性の喪失。また、ものとられ妄想の発生も考えられる。 可能性 ・たまたま着ていた衣類であっても、違う服装をすることで起こる変化に対応できない。 ・衣類の着脱の目的がわからず、強い拒否行動が起こる。 ・煩わしく思い、行わないことが続くことで着脱能力の低下を引き起こす。 ・冬はコートのまま寝るので、体温調節が難しい。 ・タンスに衣類が入っていることで、ここから帰ることができないと感じてしまう。かばんに入っていることで、旅行のような一時的な宿泊と考えることができ、納得し落ち着ける。 リスク ・着替えができないことで不潔になる。 ・理解を得ながら介助をしないと不穏・興奮が増加する。	・入浴のときに脱いだ衣服を洗たくすることで、清潔にする。その間は嫌がっても違う服を着てもらい、少なくとも２種類の服になじんでもらう。 ・カバンの中に衣服を入れて、タンスのかわりに棚を置き、下着のカバン、ズボンのカバンというようにカバンを並べて置く。 ・コートについては、それがないと不安でいらだってくるので、寝るときの室温とふとんで調節して様子を見る。 ・前開きの服を選んで着用する。
名前を尋ねられて、姓のあとに続けてデイサービスと言う。語彙が少ない。	原因 ・1人暮らしの不安を軽減したデイサービスへの信頼の表れと思われる。 ・玄関から外に出かけることはなく、デイサービスに実際に行きたいという表現ではないと考えられる。 可能性 ・フルネームで何回も呼ぶことで名前を思い出すかもしれない。 リスク ・言語的コミュニケーションの支援を行わないと発語の減少が進み、意欲低下が進行してしまう。	・「○○▼さん、ご飯にしましょうか」「○○▼さん、隣の方は、□さんですよ」という具合に、名前を言ってから伝える。 ・１対１で話を聴く、話す場面をつくり、しっかりと「聴く⇔伝える」のやりとりを心がける。 ・関心のある話題を見つける。得意だった英語を、何気なくできるように、機会をつくる（英語の歌を聴く、挨拶をしてみるなど）。
しっかりと歩いているが、尻もちをつくことがあり、すり足が増えてきた。自宅近くで転倒し、右上腕骨骨頭部を骨折し、包帯で固定している。	原因 ・ウロウロしているが意外と歩いている距離は短く、下肢筋力の低下が起きているかもしれない。 ・歩き疲れているように感じる。 ・すり足歩行が増えている。 ・眠前薬を服用しており、朝目覚めても薬の効果が残っているかもしれない。 可能性 ・すり足歩行のため床材の変更は効果がないかもしれないが、足に合った靴を履き、歩行能力向上のリハビリテーションを活用すれば、尻もちのない歩行が可能だと考える。 リスク ・転倒による骨折が考えられ、廃用症候群により、現在行えている生活機能の低下につながる恐れがある。	・専門医（眠前薬を処方している医師）と話をして今の状態を伝える。 ・PTに歩行状態を観察してもらい、なぜこのような歩行になるのかを評価してもらう。 ・同じところを歩き続けるだけでなく、見守られてしっかりと歩く機会をつくる。 ・買い物など歩行の「目的」をしっかりと伝える。 ・右上腕骨骨頭部骨折のため、包帯固定する。入浴はシャワーで、そっと脇を上げる程度にする。入浴後すぐに看護師に連絡し包帯で固定する。カーディガンのボタンの間に右腕をつっこむようにして腕が下がらないようにする。

第2部

実践編

1 OCMAシートを活用した事例

Aさんの事例

くも膜下出血の後遺症のため手術を行い、退院する58歳の女性。後遺症として左半身麻痺があり、車いすでの移動。平日の日中は夫が不在（仕事）のため、自身で安全に動ける環境を整え、居宅内での移動動作の自立を目指す。主婦としての役割も継続していきたいと希望している事例。

事例概要

58歳・女性　夫と2人暮らし

40歳のときに外傷性のくも膜下出血で入院、手術等を行うも、その後は自身で日常生活を送ることができ、パート勤務をしながら家事の役割を担っていた。自動車も運転し、夫と趣味のスノーボードやスキューバダイビング等のアウトドアに出かける等、活発な生活を送っていた。

1年半位前から、歩行時のバランスが不安定になり、持久性も低下してきた。くも膜下出血の後遺症により、くも膜のう胞や癒着性くも膜炎と診断され、1年前と4か月前に二度の手術を受けた。現在入院中で、リハビリを行っている。段差の多い自宅マンションから、入退院を機にバリアフリーの住宅に引っ越し、在宅での生活を再開することにしている。

現在は病院で、起き上がり・座位・立ち上がり・移乗動作のリハビリを行っており、手すりや介護用ベッド等を整備し、ポジショニングを整えれば、日中の動作は安定してできるようになってきている。リハビリには意欲的で、車いすの自走は可能。平日の日中は1人で過ごす時間が長いため、1人で安全に屋内での移動動作を行えるように環境整備し、リハビリ等でさらに活動範囲の拡大を行っていくことを考えている。家庭での役割である家事や買い物を担っていきたい希望も強くもっている。

基本情報

支援事業所	○○○○	事業所番号	○○○○○○○○○○	介護支援専門員	○○ ○○
所在地	○市○町	TEL	00-0000-0000	FAX	00-0000-0000

受付日時	○ 年 ○ 月 ○ 日 ○ 時	受付対応者	○○ ○○	受付方法	来所 TEL 訪問・その他
訪問日	○年○月○日	課題分析場所	☐ 自宅 ☑ 施設（ B病院 ）	理由	☑初回 ☐定期 ☑退院

フリガナ		生年月日	M T S H ○ 年 ○ 月 ○ 日 ☐男性 ☑女性
氏 名	A	被保険者番号	0000-000-000
現住所	〒 ー ○市○町	保険者番号	△△△△△△△
電話番号	00-0000-0000		

福祉サービス利用援助事業
☐ 成年後見
☐ 日常生活

家族構成

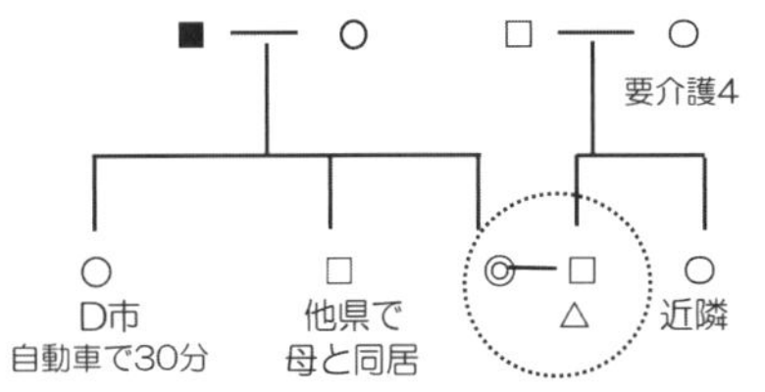

☐男 ○女 ◎本人 ●死亡 △キーパーソン

家族等連絡先	家族名	年齢	続柄	同・別居	電話番号	緊急連絡順
	B	56	夫	同	000-0000-0000	①
	C	60	姉	別	000-0000-0000	②
	D	54	義妹	別	000-0000-0000	③

介護者に関する情報					
主たる介護者	B	意思	有・無	負担感	有・無
日中は実家（自宅から自動車で5分）で自営業をしており、平日は配達等に出かけているときも多い。近隣での配達の仕事が多く、何かあれば自宅に戻れる。昼食は自宅で食べる。実家には要介護4の母がいる。主に父が介護しており、母のモニタリングには同席している。					

生活歴	趣味・特技など
S市で生まれる。高校を卒業後は、O市の印刷会社で働く。32歳で結婚後は、スーパーのレジ打ちや品出し等、いろいろな所でバイトをしていた。40歳のときに自転車で転倒し外傷性のくも膜下出血で、水頭症の手術を行う。受傷後は身のまわりのことは自立しており、空港でのサービス業も続けていたが、徐々にバランスが悪くなり歩行時の持久性も低下、くも膜のう胞や癒着性くも膜炎のため、令和4年1月と9月に手術した。	スノーボード、スキューバダイビング、テニスをしていた。スポーツ観戦はどの競技でも好き。入院前まで家事を行っていたので、退院後も買い物・調理・洗濯・掃除等を主体的に行っていきたい。

要介護度	認定日	有効期間		
要介護4	○ 年 ○ 月 ○ 日	○ 年 ○ 月 ○ 日 ～ ○ 年 ○ 月 ○ 日		
支給限度額	交付年月日	障がい自立度	認知症自立度	審査会の意見
	○ 年 ○ 月 ○ 日	B2	自立	有効期限を12か月とする。

① 医療機関名	○○大学病院	診療科目	脳外科	主治医	E医師	回数	1 回 ／ 週・3か月
所在地	○市○町	TEL	00-0000-0000	FAX	00-0000-0000		
② 医療機関名	△△クリニック	診療科目	脳外科・内科	主治医	F医師	回数	1 回 ／ 週・月
所在地	○市○町	TEL	00-0000-0000	FAX	00-0000-0000		

健康状態		病　名	症状・痛み・経過・その他
既往症	①	くも膜下出血	平成17年 水頭症両側脳室ドレナージ手術・左後頭頭蓋開頭ネッククリッピング術
	②	子宮内膜症	平成25年 手術
主傷病	①	くも膜のう胞	令和3年9月（左上下肢麻痺悪化） 令和4年1月、令和4年9月手術
	②	癒着性くも膜炎	令和3年9月（左上下肢麻痺悪化）
	③		

主治医の意見より	令和4年1月・9月に上位胸髄レベル脊髄腹側のう胞に対して髄液シャント術施行。多発性くも膜のう胞であり、術後も左上下肢のしびれ、歩行障害等がある。術後の病状は安定しており、リハビリでの生活機能の改善が見込まれる。

健康保険	国民健康保険・医療証（重度障害）	☐ 本人 ☑ 家族	医療費負担割合	3 割
公費負担	重度障害者医療（3割負担からの軽減あり） 生保 ☐	担当CW	負担限度額認定	4 段階
障害者手帳	☑ 有 ☐ 無 左上肢機能障害・左下肢機能障害（2級）	経済状況	障害厚生年金（8万円）・夫の収入	

コンパクトアセスメント

記入年月日　○ 年 ○ 月 ○ 日

		ADLと現在の状況	能力や可能性／精神心理状態など	チェック欄
ADLおよびIADL	寝返り	☐ 自立　☑ 一部介助　☐ 全介助 柵につかまって自分でできる。朝は動きにくく、介助が必要なときがある。	リハビリでの運動やベッド柵等の調整で、好調時は自立できるような動作性の向上が期待できる。	✓
	起き上がり	☐ 自立　☑ 一部介助　☐ 全介助 柵につかまって自分でできる。朝は動きにくく、介助が必要なときがある。	リハビリでの運動やポジショニングの確認、介護用ベッドや手すりの環境調整で、動作性の向上が期待できる。ギャッチアップで不調時に負担軽減。	✓
	座位	☑ 自立　☐ 一部介助　☐ 全介助 端座位で安定すれば、数分は保持できる。朝は動きにくいので、ずり落ちのリスクある。車いすで、長時間座位が保持できる。	リハビリでの運動やポジショニングの確認、環境調整で、動作性の向上や端座位での安定性の向上が期待できる。	✓
	立位	☐ 自立　☑ 一部介助　☐ 全介助 介助で支えれば10秒程度はできる。よい状態で、手すりにつかまれれば安定感が増す。	リハビリでの運動や姿勢保持・動作方法の獲得で、安定性の向上や立位時間の拡大が期待できる。右手で持てる手すりで、より安定する。	✓
	移乗	☐ 自立　☑ 一部介助　☐ 全介助 つかまるところがあれば、腰を支える程度の介助のみでできる。右手で持てる手すりで、より安定する。自動車の乗降は、抱えて介助する。	リハビリでの運動や姿勢保持・動作方法の獲得、環境整備の実施で、安定性の向上や立位時間の拡大が期待できる。環境が整った場所では自分でできるようになる。	✓
	歩行	☐ 自立　☐ 一部介助　☑ 全介助 普段は車いす自走。リハビリでは平行棒内や歩行器使用での歩行と、背中を支える介助で、2～3ｍの歩行はできる。	リハビリでの運動や環境の調整での支援で、動作性の向上が期待できる。現在はリハビリ専門職での歩行練習に限られる。リハビリが進む見込みで、短下肢装具の相談も必要。	✓
	着衣	☐ 自立　☑ 一部介助　☐ 全介助 手足を衣服に通すことはできる。ズボンやパンツに足を通す介助と、自身がつかまって立位をとっている間に引き上げる介助等が必要である。	リハビリでの運動や着やすい服等を検討することで、動作性の向上が期待できる。外出するときの衣服を着るには、より介護量が増すが、自身が着たい服を着ることで意欲向上が見込まれる。	✓
	入浴	☐ 自立　☑ 一部介助　☐ 全介助 機械浴で入浴。車いすからシャワーチェアーへの移乗介助・移動介助が必要。洗身時の立ち座り介助(要手すり)、健側と背中の洗身介助が必要。	入浴機会の確保や心身の負担軽減のため、設備の整った施設での入浴介助を検討。環境整備やリハビリ・介助での入浴で、自宅での入浴も検討できる。シャワー浴は、自宅での介助でできる。	✓
	排泄 後始末	☐ 自立　☑ 一部介助　☐ 全介助 手すりや便座の高さが整った病室トイレでは、見守りから一部介助で排泄できる。立ち上がり時の手すりの位置など、病院内でも環境が変われば、支える介助が必要。夜間は寝たいので、おむつを使用する。 失禁　☐ 有　☑ 無　回数　尿　5 回／日　便	車いすのポジションや手すりの位置、便座の高さを調整できれば、少しの介助での排泄や自力での排泄が期待できる。退院前に自宅での動作確認が必要。 1 回／1～2日　コントロール方法　定時の内服薬・頓服薬	✓
	食事摂取	☐ 自立　☑ 一部介助　☐ 全介助 概ね自分でできる。最後の部分を寄せて食べやすくするなどの介助が必要。自宅では、食べやすい食器等を検討する。 栄養状態　☑ 良　☐ 不良　食事回数　3 回　水分摂取量	買い物から調理の役割を本人も担うことで、食事での楽しみも増える。夫も一緒に食事をするので、部分的な介助は頼みやすい。 ☑ 良　☐ 不良　1200cc／日	✓
	口腔ケア 衛生	☐ 自立　☑ 一部介助　☐ 全介助 環境が整っていれば自分でできる。磨き残しはある。上側に2本部分入れ歯があり、緩んでいる。下側にも揺れている歯が1本ある。 口腔内の状態　☑ 良　☐ 不良　義歯　☐ 有　☐ 無	車いすに座って洗面台の前に行けば、歯みがきやうがいを自分でできる。訪問歯科で、随時治療。歯科衛生士に口腔ケアしてもらえば、状態維持できる。 ☐ 全　☐ 部分　☐ 上　☐ 下	✓
	調理	☐ 自立　☑ 一部介助　☐ 全介助 入院中は全介助。献立の検討や味付けはできる。煮物ならできそう。炒め物は困難。食材の切込みは、座ってできる部分もある。	リハビリで動作や環境調整のアドバイスをもらい、夫やヘルパーと一緒に調理して、できることを増やし、家庭での役割を担っていける。	✓
	買物	☐ 自立　☑ 一部介助　☐ 全介助 買う物の把握や注文は依頼できる。入院中も必要なものは、夫に買ってきてもらう。	夫婦で行う。日用品や食材で、買うものの決定や把握、金銭の計算等は、主に本人が行う。不測のものは、夫に依頼するが、夫の介助で週に1回は自身も買い物に行くことで、調理の意欲も向上する。	
	環境整備 掃除	☐ 自立　☑ 一部介助　☐ 全介助 車いすに乗って、テーブルを拭くなど、できる範囲のことは行う。モップがけも条件が整えばできる。掃除機は難しそうと話す。	車いすに座ってできる部分は、自身で行う。手が届きにくい場所や用具の手渡し等の支援のいる場所は、夫等の介護者と一緒にできる。	✓
	金銭管理	☐ 自立　☑ 一部介助　☐ 全介助 家計の把握や金銭管理はできる。金融機関の出し入れや買い物での支払い等は頼むときが多い。	夫と一緒に家計の把握や金銭管理を行うことで、家庭内の役割を継続していく。	
	服薬状況	☑ 自立　☐ 一部介助　☐ 全介助 服薬は自分で管理、把握している。取りやすい場所に置く。	薬を取りやすい場所に置けば、自身で把握・開封・服用等ができるので、自身の役割として継続する。	
褥瘡の程度 皮膚の清潔状況		褥瘡や皮膚疾患はないが、一人で寝返り等が難しく、車いす座位も長時間になるため、除圧のケアは必要。	ベッドマットの選定、除圧クッションの利用、2時間程度での体位変換ができれば、リスク軽減できる。	✓
特別な状況 虐待・ターミナル		なし		
社会とのかかわり	参加意欲	ある。通所サービスでリハビリを頑張りたい。	自立やできることの拡大への意識が高く、リハビリにも積極的に取り組んでいる。外に出ての交流や体力向上の意欲もある。できるだけ、同年代で話せる人がいるところがよい。	✓
	変化	自宅で家事等を行い、友人との交流を行っていたが、病気によりできなくなった。		
	喪失感 孤独感等	上下肢の麻痺等で、自分で移動や身のまわりの事ができない状況にもどかしさを感じる。		
コミュニケーション	視力	☑ 良好　☐ 不良　聴力　☑ 良好　☐ 不良	病気発症前と変わらず、意思疎通やスマホ等のコミュニケーションツールも使える。親族や知人にも電話やメール、SNSで交流しており、現状を継続することで活発に他者と交流できている。	
	意思の伝達	☑ 良好　☐ 不良　電話　☑ 良好　☐ 不良		
		右手でスマホの操作をできる。インターネットの利用やメール・SNSの送受信等もできる。		
服薬内容		プルゼニド：12mg（朝）・（頓服）　タリージェ：10mg（朝・夕）　八味丸：1包3ｇ（朝・夕） ○○大学病院前の薬局でもらっていた。△△クリニック前の薬局に変更予定。		

周辺症状の現状とその背景

記入年月日　○ 年 ○ 月 ○ 日

周辺症状		現症状	背景･要因・気づいたことなど	チェック欄
ア	被害を訴える	☑ ない　☐ 時々ある　☐ ある		
イ	状況に合わない話をする	☑ ない　☐ 時々ある　☐ ある		
ウ	ない物が見える・聞こえる	☑ ない　☐ 時々ある　☐ ある		
エ	気持ちが不安定	☑ ない　☐ 時々ある　☐ ある		
オ	夜眠らない	☑ ない　☐ 時々ある　☐ ある		
カ	荒々しい言い方や振る舞いをする	☑ ない　☐ 時々ある　☐ ある		
キ	何度も同じ話をする	☑ ない　☐ 時々ある　☐ ある		
ク	周囲に不快な音をたてる	☑ ない　☐ 時々ある　☐ ある		
ケ	声かけや介護を拒む	☑ ない　☐ 時々ある　☐ ある		
コ	大きな声をだす	☑ ない　☐ 時々ある　☐ ある		
サ	落ち着きがない	☑ ない　☐ 時々ある　☐ ある		
シ	歩き続ける	☑ ない　☐ 時々ある　☐ ある		
ス	家に帰るなどの言動を繰り返す	☑ ない　☐ 時々ある　☐ ある		
セ	一人で危険だが外へ出ようとする	☑ ない　☐ 時々ある　☐ ある		
ソ	外出すると一人で戻れない	☑ ない　☐ 時々ある　☐ ある		
タ	いろいろなものを集める	☑ ない　☐ 時々ある　☐ ある		
チ	火を安全に使えない	☑ ない　☐ 時々ある　☐ ある		
ツ	物や衣類を傷めてしまう	☑ ない　☐ 時々ある　☐ ある		
テ	排泄物をわからず触ってしまう	☑ ない　☐ 時々ある　☐ ある		
ト	食べられないものを口に入れる	☑ ない　☐ 時々ある　☐ ある		
日常の意思決定認知能力		詳細な内容の理解や意思決定等もできる		
本人・家族の主訴・要望		本人：日中は介護者がいなくても、できるだけ身のまわりのことを自分で行い、生活できるようにしていきたい。退院後はまずは安全に生活できるようにしたい。できることを増やして、外出や家事等をできるようにしていきたい。親類や知人との交流は続けていきたい。生活が落ち着いて可能なら、自動車免許の更新もしたい。 夫：自宅内を安全に、身体の負担を減らして生活できるようにしたい。家事や日課などは、本人が思うような予定で行って生活できるように、サポートしていきたい。		
事業所へのお願い（配慮）		50代ということもあり、高齢者が多い介護保険サービスの利用には戸惑いがあります（話が合うか？ 気兼ねなく話せるか等）。他利用者との交流では、コミュニケーションがとりやすくなるような座席の配置や促しができるようであれば、お願いしたいと思います。回復期病棟では、同世代が周りに少なく、病院スタッフとの会話が主になっていたようです。		

相談受付表

受付日時	○ 年 ○ 月 ○ 日	受付方法	□ 来所 □ 電話 ☑ その他	受付対応者	○○ ○○

相談経路	夫より、夫の母のモニタリング時に相談
相談内容	現在はリハビリのため××病院の回復期病棟に入院中。3月初旬に退院予定、入退院を機にバリアフリーの住宅に転居したので、福祉用具等での環境整備を相談したい。サービス利用でのリハビリや入浴・家事支援を相談したい。2/20の退院カンファレンスに出席してほしい。退院後のケアマネジメントを依頼したい。
相談に至った経過	40歳でくも膜下出血に伴う手術を受ける。くも膜下出血の後遺症でくも膜のう胞や癒着性くも膜炎を発症。令和3年秋頃より、左上下肢の麻痺やバランス感覚が悪くなり、令和4年1月と9月に再手術を○○大学病院で行い、療養とリハビリのため××病院に入院。令和5年3月退院予定で、在宅生活を再開する。現在は屋内での動作に不便を感じるため、在宅で自立した生活を送れるようになりたいと思い、ケアマネジメントを依頼。退院後は、定期的な検査で○○大学病院を受診するが、大学病院と連携して近隣で診察・服薬できる△△クリニックにも通院する予定。（夫の）母のケアマネジメントを担当している○○ケアマネジャーにケアマネジメントを依頼したい。

一日の過ごし方

時刻	内容
4	
6	
	起床・排泄・整容
8	食堂へ移動・朝食
	TV・スマホ視聴
10	リハビリ
	排泄
12	食堂へ移動・昼食
	歯磨き
14	リハビリ
	TV・スマホ視聴
16	
	排泄
18	食堂へ移動・夕食
	歯磨き
20	TV・スマホ視聴
	排泄・就寝
22	
24	
2	
	排泄
4	

現在の生活の状況

介護用ベッドから車いすへの移乗は、右手側に手すりがあれば、自分だけでできる。朝には介助が必要。外出時等で環境が整わない所では介助が必要。

車いすに乗ってからの操作はできる。

トイレも車いすから手すりを持ち、立ちやすい環境ならば、何とかできるときも多いが、軽介助が必要。

会話や携帯電話の操作はできる。

車いすに乗ったままできる家事も多いが、立って行うことは難しく介助が必要。

入浴は、機械浴で週2回行う。更衣の一部介助、車いすからシャワーキャリーに座り替える移乗介助や洗身時の立ち座りの介助、背中・健側上肢の洗身介助が必要。移乗には手すりが必要。

住宅見取り図　（危険個所は▲）

別紙

（次ページ参照）

住宅改修の必要性　（ 有 ・ 無 ）

必要個所と内容

介護用ベッド、ベッド横に手すりの設置。トイレの補高（洗浄便座付き）便座、手すりの設置。シャワーチェアー必要。

現在利用しているサービスの状況

事業種別	頻度／月	開始日	事業所名	担当者名	電話番号 FAX
初回利用	回				電話番号 FAX
	回				電話番号 FAX
	回				電話番号 FAX
	回				電話番号 FAX
	回				電話番号 FAX
	回				電話番号 FAX
	回				電話番号 FAX
	回				電話番号 FAX
	回				電話番号 FAX
	回				電話番号 FAX

別紙　住宅見取り図

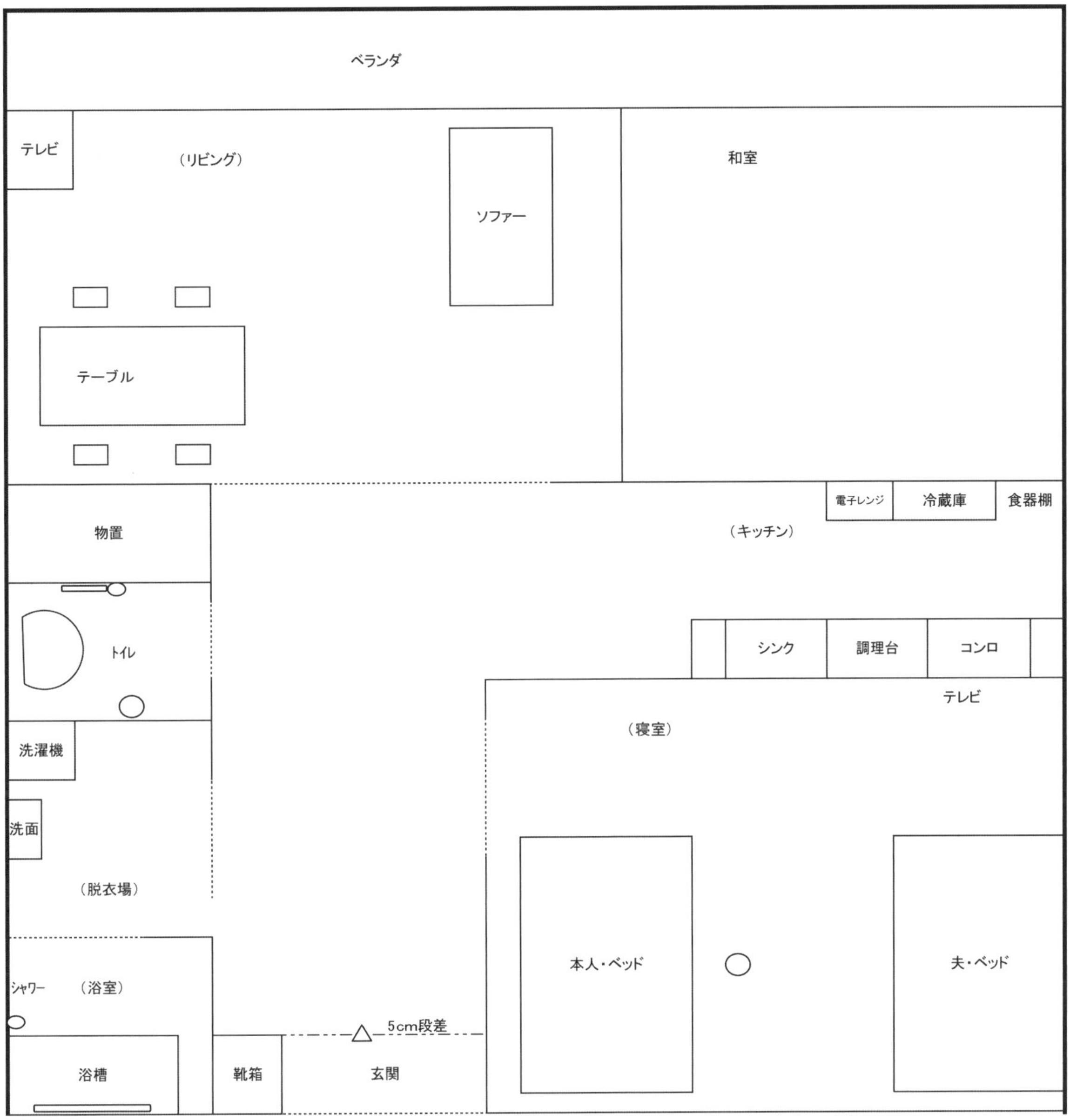
ベランダ
テレビ
（リビング）
ソファー
和室
テーブル
物置
電子レンジ
冷蔵庫
食器棚
（キッチン）
トイレ
シンク
調理台
コンロ
テレビ
（寝室）
洗濯機
洗面
（脱衣場）
シャワー
（浴室）
5cm段差
本人・ベッド
夫・ベッド
浴槽
靴箱
玄関

まとめシート　　記入年月日　○ 年 ○ 月 ○ 日

現状	考える視点（原因・可能性・リスク）	解決すべき条件
くも膜下出血による後遺症のため左上下肢麻痺がある。回復期病院に入院中でリハビリを行っている。入退院を機にバリアフリー住宅に転居したため、本人も自宅での動きを想像しにくい。 病院では、右手でつかみやすい位置に手すり等を配置、ポジショニングを本人に助言すれば、寝返り・起き上がり・座位・立ち上がり・立位・移乗を本人の力も使いながら、一部介助でできるようになってきた。朝は、本人の動きが悪く、介助者の支えがより必要な状態。環境が整わないところでは、抱えての動作介助が必要になる。病院のリハビリで機能向上している。車いすに座っての整容や歯磨きは概ねできているが、磨き残しがあり、部分入れ歯の違和感や歯の揺れがある。	原因：くも膜下出血の後遺症による左上下肢麻痺や筋力低下、体力低下のため、入退院時の転居で動作のイメージがつかみにくいことも考えられる。歯磨きでの磨き残しがあり、歯の違和感がある。 可能性：病院でのリハビリで機能向上してきており、本人も活動性を高めたい意欲をもっている。自身で意思決定でき、自宅での役割の継続や自立心も高いので、環境調整のアドバイスやリハビリが進むことで、移動や整容・日中活動等、できることが増える。 リスク：左上下肢麻痺や筋力低下等によって、動作時の不安定感は大きい。日内での差もある。不安定なか無理をすれば、転倒の危険や心身への負担が増大する。夫の介護が多くなれば、負担が大きくなり、自宅介護が困難になる。部分入れ歯の違和感や歯の揺れを放置すると口腔衛生が悪化する危険がある。	自宅内で安全に動けるように、居室内での介護用ベッド・手すりの配置、トイレ・風呂での手すりの配置、玄関敷居へのスロープの設置、自室で使う車いすの選定をし、移動動作の確認を行う必要がある。 リハビリや運動を行い、麻痺や筋力低下の軽減、活動性や体力の向上を進めていく必要がある。また、リハビリや動作方法への助言等により、心身の負担を減らし、安全に日常生活の活動をできるようにする。 自宅内での整容やリビング等への移動、家庭内での役割が継続できるように、専門職の助言や支援を受ける。 整容や歯磨きで使うものは、手の届きやすい所に置き、自分で行う。磨き残しや部分入れ歯の不具合、歯の揺れが改善できるよう、歯科受診をする。頻繁な通院は、負担が大きい。
くも膜下出血による症状や後遺症等の影響により、手術が必要になった。定期的な検査のほか、身近で診察や処方を受け、病状管理できるようにする必要がある。また確実な内服、栄養バランスのとれた食事の摂取、適度な運動等により、病気の再発を予防する必要もある。本人や家族も再発予防に配慮していきたい意向は、強くもっている。 今まで行ってきた家事（買い物・調理・掃除・洗濯等）の役割を継続したい意欲を強くもっているが、実際にできるかという不安もある。	原因：くも膜下出血、くも膜のう胞、癒着性くも膜炎等の後遺症 可能性：大学病院や近隣のクリニックの連携・役割分担により、診察・検査・処方を受けることで、病状や後遺症・合併症のリスクを軽減できる可能性がある。 本人は確実に内服できているので、引き続き、本人に行ってもらう。食事等によるアドバイスを受けることで、栄養バランスのとれた食事を摂る。 本人は買い物や調理等の役割の継続をしたい意欲が強い。その意欲を活かして家事等を行えるようにすることでメリハリのある生活になる。 リハビリや運動を行い活動性を高め、健康を維持する。 リスク：病状管理やバランスのとれた食事摂取ができなければ、病状が悪化したり、症状が進む危険がある。 家事ができなければ、自信や意欲が低下する。	大学病院の定期的な診察や検査と、近隣クリニックでの診察・検査・処方等で、病状管理を行う。病院とクリニックが連携して治療を行う（退院時に相互の医師へ情報提供や連携の確認を行う）。 本人による確実な内服管理。通院は、夫の送迎・付き添いで行う。薬の数が合っているかの確認等もフォローしてもらう。屋外用車いすを準備し、自家用車への移乗方法やポジショニング等を、リハビリ職と確認する。 病院の管理栄養士から栄養指導を受け、夫婦でバランスのとれた食事内容等を確認する。 定期的にリハビリ・運動を行う機会をつくる。 日常的な活動量に留意し、予定を計画する。 買い物や家事を、介助を受けながらも、本人が主体的に行っていけるように、家族やサービス利用でサポートする。
左上下肢麻痺によりトイレまでの移動には車いすが必要。トイレでの立ち座りや立位保持には、左右両側に手すりが必要で、自宅のトイレは高さが低い。 夜間の動作には、常に介助が必要で、尿漏れもしやすいため、夜間はその都度の介助を受けるより、おむつを使用して、ゆっくり寝たい。 入浴についても、移動、着がえ、洗身等に介助が必要で、自宅で入浴するには環境整備が必要。 家でもシャワー浴ができるようにしたい。ゆくゆくは、自宅の浴槽にも浸かれるようになりたい。	原因：くも膜下出血による後遺症のため、左上下肢に麻痺や筋力低下があり、起き上がりや移乗・移動等の動作に支障があることが考えられる。動作を負担なく行う自信がないことが考えられる。 可能性：心身の負担を減らし、確実に排泄や入浴を行うことで、衛生的な状態を保つことができる。リハビリや動作方法やポジショニングの助言、環境整備等により、自身での排泄ができる可能性がある。自身での動作で排泄ができれば、介護負担を軽減することができ、自立心もさらに向上する。環境の整ったところで入浴することで、動作性が向上し、自宅での入浴につなげることができる。環境を整備し、介助者がいれば、適宜のシャワー浴ができる。 リスク：排泄の失敗や転倒が続けば、衛生状態を維持できず、さらなる機能低下や自信の喪失につながる。 排泄が自身でできなければ、介護者の負担増や仕事への影響が懸念される。	自宅内で安全に動けるように、居室内での介護用ベッド・手すりの配置、トイレ・風呂での手すりの配置、玄関敷居へのスロープの設置、自室で使う車いすの選定をし、移動動作の確認を行う必要がある。また、リハビリや動作方法への助言等により、心身の負担を減らし、安全に排泄や更衣・入浴を行えるようにする。 排泄や更衣・入浴ができるように、リハビリや運動を行い、麻痺や筋力低下の軽減、活動性や体力の向上を図ることで、トイレでの排泄の安定、自宅での浴槽内への移動も含めた入浴を検討できるようにする。シャワー浴を行うときも他者の介助を受け、シャワーチェアーや手すり（既存）を利用する。 屋外の環境の整った施設で入浴やリハビリを行い、活動性を高め、メリハリのある生活を促す。
今まで自由に外出して、買い物や親類・友人との交流を行ってきたが、病気の発症により、外出には介助が必要になり、他者との交流の機会が少なくなった。スマホ等の使用での交流は続けて行くが、外出での交流も行っていきたい。 以前は自動車の運転も行って、自動車免許も所持している。医師からも意思疎通や状況判断への支障はなく、心身機能の向上により、活動性が高まれば、自動車の運転にチャレンジすることは可能との意見をもらっており、本人も自動車免許の更新に意欲的である。	原因：くも膜下出血による後遺症のため、左上下肢に麻痺や筋力低下があり、起き上がりや移乗・移動等の動作に支障がある。日常生活での心身機能の安定や向上を優先的に考えているが、積極的に外出しての交流ができるかの不安があることが考えられる。 可能性：日常生活での活動が安定的に行えて、心身機能の向上が実感できれば、外出への意欲や他者との交流場面への参加も促進することができる。自動車免許の更新ができれば、他の活動等への自信につながる。 リスク：日常生活での不安や動作等での懸念が増大すれば、参加意欲の減少にもつながる。参加や活動機会の増加が、介護者への負担増大とならないように注意が必要。動作範囲を広げれば、転倒等のリスクも高まる。	リハビリや運動を行い、麻痺や筋力低下の軽減、活動性や体力の向上を進めていく必要がある。また、リハビリや動作方法への助言等により、心身の負担少なく、安全に日常生活の活動をできるようにする。 家族との買い物等への外出で、外に出る機会を定期的に確保し、心身機能や体力・意欲の向上に努める。 スマホ操作での電話・メール・SNS等の活用で、親類や知人との交流を継続する。親類や知人の自宅を訪れて交流を継続することで本人の意欲の維持や向上へつなげる。 心身機能や体力的な条件を整え、免許の更新期間が来たときに、家族の付き添いや運転しやすい自動車の環境整備を行い、自動車の運転にチャレンジする。

課題整理総括表

利用者名　A　殿　　　　作成日　○／○／○

自立した日常生活の阻害要因（心身の状態、環境等）	①くも膜下出血による左上下肢麻痺・筋力低下	②くも膜下出血による後遺症等の病状管理が必要	③機能低下により自宅内での移動、排泄や着がえ等の活動や家庭内の役割を行えるかどうか不安がある
	④衛生状態の維持に不安がある	⑤新しい住居で、住環境が整っていない	⑥介護者が不在がち、介護力が少ない

利用者及び家族の生活に対する意向	本人：日中は介護者がいなくても、できるだけ身のまわりのことを自分で行い、生活できるようにしていきたい。退院後はまずは安全に生活できるようにしたい。できることを増やして、外出や家事等をできるようにしていきたい。親類や知人との交流は続けていきたい。生活が落ち着いて可能なら、自動車免許の更新もしたい。 夫：自宅内を安全に、身体の負担少なく生活できるようにしたい。家事や日課などは、本人が思うような予定で行って生活できるように、サポートしていきたい。

状況の事実　※1		現在　※2	要因　※3	改善/維持の可能性　※4	備考（状況・支援内容等）
移動	室内移動	自立　見守り　**一部介助**　全介助	①③⑤⑥	**改善**　維持　悪化	介護用ベッド・手すり・車いすでの環境の整備が必要だが、新居のため住環境に不安がある。車いすで移動する。
	屋外移動	自立　見守り　一部介助　**全介助**	①③⑤⑥	**改善**　維持　悪化	
食事	食事内容	支障なし　**支障あり**	②⑥	**改善**　維持　悪化	本人も再発予防のバランスのとれた食事にする意向があるが、本人がどの程度、家事を行えるかに、不安がある。献立の考案や味付けはできる。
	食事摂取	自立　見守り　**一部介助**　全介助	①	改善　**維持**　悪化	
	調理	自立　見守り　**一部介助**　全介助	①②③⑤	**改善**　維持　悪化	
排泄	排尿・排便	支障なし　**支障あり**	①④	改善　**維持**　悪化	尿漏れがあり、尿取りパッド・夜間おむつを使用。自身で排泄できるように、安全に配慮した環境整備が必要。
	排泄動作	自立　見守り　**一部介助**　全介助	①④⑤⑥	**改善**　維持　悪化	
口腔	口腔衛生	支障なし　**支障あり**	①	**改善**　維持　悪化	麻痺等により、自分だけではきちんと洗浄できず、磨き残し等がある。上側の部分入れ歯に不具合があり、下側にも揺れている歯がある。
	口腔ケア	自立　見守り　**一部介助**　全介助	①	**改善**　維持　悪化	
服薬		**自立**　見守り　一部介助　全介助		改善　維持　悪化	自己管理できている。
入浴		自立　見守り　**一部介助**　全介助	①②④⑤⑥	**改善**　維持　悪化	自宅では、介助や環境の整備とリハビリが必要。まずは安全に入浴する。手足に衣服やズボンを通す介助が必要。
更衣		自立　見守り　**一部介助**　全介助	①②④⑤⑥	**改善**　維持　悪化	
掃除		自立　見守り　**一部介助**　全介助	①③⑤⑥	**改善**　維持　悪化	車いすに座ってできること以外は難しい。掃除はテーブル等を拭くこと、簡単にモップで拭くことはできる。洗濯は、取り入れや畳むことはできる。物品整理も座ってできる範囲は行う。
洗濯		自立　見守り　**一部介助**　全介助	①③⑤⑥	改善　**維持**　悪化	
整理・物品の管理		自立　見守り　**一部介助**　全介助	①③⑤⑥	**改善**　維持　悪化	
金銭管理		自立　見守り　**一部介助**　全介助	①③	**改善**　維持　悪化	金銭把握や管理はできる。金融機関の出し入れなどに介助が必要。買い物は、持ち運びに介助が必要。物を選ぶことや購入の決定はできる。
買物		自立　見守り　**一部介助**　全介助	①③⑥	**改善**　維持　悪化	
コミュニケーション能力		**支障なし**　支障あり		改善　維持　悪化	スマホ等の使用もできる。
認知		**支障なし**　支障あり		改善　維持　悪化	心身機能の低下で、外出や交流の機会が減少。親類や知人とは、会う意欲がある。スマホでSNSでのつながりある。
社会との関わり		支障なし　**支障あり**	①	**改善**　維持　悪化	
褥瘡・皮膚の問題		**支障なし**　支障あり		改善　維持　悪化	長時間の圧迫には注意が必要。
行動・心理症状（BPSD）		**支障なし**　支障あり		改善　維持　悪化	
介護力（家族関係含む）		支障なし　**支障あり**	①②③⑤⑥	改善　**維持**　悪化	自営業をしているが、1日3回の食事は一緒にできる。夫の介護量が増えれば、仕事に影響が出る可能性がある。住宅診断での移動方法の確認や助言がいる。玄関に5cmの段差がある。
居住環境		支障なし　**支障あり**	①②④⑤	**改善**　維持　悪化	
				改善　維持　悪化	

見通し　※5	生活全般の解決すべき課題（ニーズ）【案】	※6
住環境を整えて、リハビリを行い、移動方法やポジショニング等の助言があれば、安定した寝起きや移乗・移動ができ、自分でできることが多くなり、介助量が少なくなる。歯科受診や歯科衛生士のサポートで、口腔衛生の状況が改善できる。	寝起きや家の中での移動等を自身で行い、整容や身のまわりの動作ができるようにしていきたい。	1
病院とクリニックの診療や連携、確実な内服、リハビリや運動、栄養バランスのとれた食事が摂れれば、病状は安定する。介助で一緒に家事を行うことで、自宅内での動作や家庭内での役割を主体的に行うことができる。福祉用具の活用や移動方法の助言で負担少なく外出する。	病気の悪化や後遺症の進行がないように病状を把握し、健康に注意して日常生活を送り、家事等の役割が担えるようにしたい。	2
移動や移乗がしやすい環境を整備し、リハビリ等を行うことで、排泄や入浴などの負担を少なくすることができる。設備の整った施設での入浴で、衛生状態を維持し、自宅で入浴できるための機能向上に向けた取り組みにつなげられる。	排泄や入浴等を確実に行い、衛生的な状態で、屋内の活動や外出ができるようにしたい。ゆくゆくは、自宅の浴槽へ入れるようになりたい。	3
介助により、定期的に外出することで体力の向上を図り、他の活動への参加や交流がしやすくなる。買い物に行き、自分で食材をみることで、調理の意欲を高めることが期待できる。	メリハリのある生活ができ、外出や他者との交流を継続していきたい。	4

※1　本書式は総括表でありアセスメントツールではないため、必ず別に詳細な情報収集・分析を行うこと。なお「状況の事実」の各項目は課題分析標準項目に準拠しているが、必要に応じて追加して差し支えない。
※2　介護支援専門員が収集した客観的事実を記載する。選択肢に○印を記入。
※3　現在の状況が「自立」あるいは「支障なし」以外である場合に、そのような状況をもたらしている要因を、様式上部の「要因」欄から選択し、該当する番号（丸数字）を記入する（複数の番号を記入可）。
※4　今回の認定有効期間における状況の改善/維持/悪化の可能性について、介護支援専門員の判断として選択肢に○印を記入する。
※5　「要因」および「改善/維持の可能性」を踏まえ、要因を解決するための援助内容と、それが提供されることによって見込まれる事後の状況（目標）を記載する。
※6　本計画期間における優先順位を数字で記入。ただし、解決が必要だが本計画期間に取り上げることが困難な課題には「－」印を記入。

第１表

居宅サービス計画書（1）

作成年月日　○　年　○　月　○　日

初回・紹介・継続　（「初回」に丸）

認定済・申請中　（「認定済」に丸）

利用者名　A　殿　　生年月日　昭和○　年　○　月　○　日　　住所　○市○町

居宅サービス計画作成者氏名　○○　○○

居宅介護支援事業者・事業所名及び所在地　○○○○　○市○町

居宅サービス計画作成（変更）日　○　年　○　月　○　日　　初回居宅サービス計画作成日　○　年　○　月　○　日

認定日　○　年　○　月　○　日　　認定の有効期間　○　年　○　月　○　日　～　○　年　○　月　○　日

要介護状態区分	要介護1　・　要介護2　・　要介護3　・　要介護4（丸で囲む）　・　要介護5
利用者及び家族の生活に対する意向を踏まえた課題分析の結果	本人：日中は介護者がいなくても、できるだけ身のまわりのことを自分で行い、生活できるようにしていきたい。 退院後はまずは安全に生活できるようにしたい。できることを増やして、外出や家事等をできるようにしていきたい。親類や知人との交流は続けていきたい。生活が落ち着いて可能なら、自動車免許の更新もしたい。 夫　：自宅内を安全に、身体の負担を減らして生活できるようにしたい。家事や日課などは、本人が思うような予定で行って生活できるように、サポートしていきたい。 身のまわりの動作や家事を自分で行いたいという意欲が強い。身体の状況に合わせて、負担を少なくできるようにリハビリや動作方法の助言、環境調整を行う必要がある。家事ができる動作方法のリハビリや助言、声掛けや介護者のサポートを受けながら、自身が主体的に家事の役割を担い、意欲を継続的に持続できるようにする。通院やバランスのよい食生活により、病状を安定させて生活できるようにする必要がある。外出や他者との交流場面への参加が可能になるよう、動作性の向上や体力の向上を図るようにする。家族が介護や仕事を継続できるように、介護負担の軽減に留意する。
介護認定審査会の意見及びサービスの種類の指定	
総合的な援助の方針	自宅で1人で過ごす時間も安全に移動や身のまわりのことができるように、リハビリや助言、環境整備ができるようにします。 身体の動きや身のまわりの動作が、少ない負担でスムーズにでき、動作性が向上できるように支援します。 病状が安定して生活ができるように、主治医・専門医・管理栄養士・介護保険サービス従事者が連携して支援します。 家事などの自宅での役割が担えるように、家族の協力や介護保険サービスの利用により、サポートしていきます。 緊急時の連絡先：B（夫）○○○-○○○○-○○○○　　医療機関：△△クリニック（△△医師）○○-○○○○-○○○○
生活援助中心型の算定理由	1．一人暮らし　　2．家族等が障害、疾病等　　3．その他（　　　　）

第２表

居宅サービス計画書（2）

利用者名　　　A　　　殿

作成年月日　○　年　○　月　○　日

生活全般の解決すべき課題（ニーズ）	目標：長期目標	（期間）	目標：短期目標	（期間）	援助内容：サービス内容	※1	サービス種別	※2	頻度	期間
寝起きや家の中での移動等を自身で行い、整容や身のまわりの動作ができるようにしていきたい。	家での寝起きや移動が見守りの状態ででき、車いす上での整容や身のまわりの動作が自分でできる。	○年○月○日～○年○月○日	ベッドでの寝返りや起き上がりが、自身でできる。	○年○月○日～○年○月○日	介護用ベッド、マットレス、体位変換クッション、ベッド柵を貸与する。	○	福祉用具貸与	J福祉用具サポート	毎日	○年○月○日～○年○月○日
					夜間や早朝等、身体的機能が低下しているときは家族が介助をする。		家族	夫	毎朝・適宜	
					動作のリハビリ・動作方法の助言をする。	○	訪問リハビリ	△△クリニック	週1回	
			ベッドから車いすへの移乗が一部介助ででき、屋内を車いすで自由に移動できる。	○年○月○日～○年○月○日	介護用ベッド・手すり・車いすを貸与する。	○	福祉用具貸与	J福祉用具サポート	毎日	○年○月○日～○年○月○日
					移乗に関するリハビリや動作環境・介護方法に対する助言を行う。	○	訪問リハビリ	△△クリニック	週1回	
			1人で整容や歯磨き、身のまわりの動作ができる。	○年○月○日～○年○月○日	車いすで洗面やリビングに行き整容や日中の活動や家事等を行う。		本人・家族	本人・夫	毎日	○年○月○日～○年○月○日
					訪問歯科受診し、治療や口腔の衛生を保つ。		訪問歯科診療	M歯科	月2回	
						○	居宅療養管理指導	M歯科	月1回	
					日中できる体操や家事等のプログラムや方法を相談し、活動を行う。	○	訪問リハビリ	△△クリニック	週1回	
							本人	本人	毎日	

※1 「保険給付の対象となるかどうかの区分」について、保険給付対象内サービスについては○印を付す。
※2 「当該サービス提供を行う事業所」について記入する。

第２表

居宅サービス計画書（2）

利用者名　A　殿　　　　作成年月日　○　年　○　月　○　日

生活全般の解決すべき課題（ニーズ）	目標：長期目標	（期間）	短期目標	（期間）	援助内容：サービス内容	※1	サービス種別	※2	頻度	期間
病気の悪化や後遺症の進行がないように病状を把握し、健康に注意して日常生活を送り、家事等の役割が担えるようにしたい。	病気の悪化や後遺症の進行等がなく、自宅での生活を継続し、家事等の役割を果たしたい。	○年○月○日～ ○年○月○日	病状等を把握し、病状が安定して、自宅で身のまわりの活動ができる。	○年○月○日～ ○年○月○日	診察・検査・処方定期受診や状態に応じた受診介助・受診時の情報提供をする。		受診（通院） 受診（通院） 家族	△△クリニック ○○大学病院	月1回 3月に1回 毎回	○年○月○日～ ○年○月○日
					情報提供や共有、本人・家族や関係者との連携を図る。	○	居宅介護支援	ケアプラン □□□	適宜	
					薬を把握し、確実に内服する。		本人・家族	本人・夫	毎日	
					緊急時に相談する。		主治医の相談	△△クリニック	適宜	
			屋外への移動の負担を少なくし、外出の機会を増やす。	○年○月○日～ ○年○月○日	屋外へ安全に出かけられるように車いす・車いすクッション・スロープを貸与する。	○	福祉用具貸与	J福祉用具 サポート	外出時・ 適宜	○年○月○日～ ○年○月○日
					屋内から屋外への移動や移乗介助、自動車への乗降介助で通院する。		家族	夫	通院・外 出時適宜	
					移乗等の助言を行う。	○	訪問リハビリ	△△クリニック	週1回	
			栄養に配慮した食事で病状を安定させる。 献立の決定、テーブルでの切りこみ、味付けができる。	○年○月○日～ ○年○月○日	調理・掃除を本人ができることが増えるように介助し、本人と一緒に行う。	○	訪問介護	D訪問介護 サービス	週3回	○年○月○日～ ○年○月○日
					本人と夫が準備や調理、食事を一緒にする。		本人・家族	本人・夫	日3回	
					栄養士が栄養指導を行う。		受診時栄養指導 （通院）	○○大学 病院	適宜	

※1 「保険給付の対象となるかどうかの区分」について、保険給付対象内サービスについては○印を付す。
※2 「当該サービス提供を行う事業所」について記入する。

第2表

居宅サービス計画書（2）

利用者名　　A　　殿

作成年月日　○　年　○　月　○　日

生活全般の解決すべき課題（ニーズ）	目標				援助内容					
	長期目標	（期間）	短期目標	（期間）	サービス内容	※1	サービス種別	※2	頻度	期間
排泄や入浴等を確実に行い、衛生的な状態で、屋内の活動や外出ができるようにしたい。ゆくゆくは、自宅の浴槽へ入れるようになりたい。	衛生的な状態で、自宅での役割を果たしたり外出したりできる。	○年○月○日～○年○月○日	1人でトイレでの排泄ができるようになる。	○年○月○日～○年○月○日	手すり・車いすを貸与する。	○	福祉用具貸与	J福祉用具サポート	毎日	○年○月○日～○年○月○日
					補高便座を設置する。介助を受けトイレで排泄する。	○	福祉用具購入 本人・家族	本人・夫	毎日	
					夜間は紙おむつを使用する。		本人	本人	毎日	
					夫不在時は、跳ね上げ機能のあるポータブルトイレや車いす・尿取りパッドを使用し排泄する。	○	福祉用具購入	J福祉用具サポート	毎日	
					排泄・入浴・シャワー浴・更衣のリハビリや動作方法の助言を行う。	○	訪問リハビリ	△△クリニック	週1回	
						○	通所介護	デイサービスK	週2回	
	自宅の浴槽への入浴が具体的に検討できるようになる。		週に3回は、入浴やシャワー浴ができ、入浴や更衣の動作が軽介助でできるようになる		環境の整った施設で、負担少なく浴槽に浸かる。更衣・移動・移乗・洗身の一部介助を行う。	○	通所介護	デイサービスK	週2回	○年○月○日～○年○月○日
					入浴や更衣に関する機能訓練や心身機能を高める運動等を行う。	○	通所介護	デイサービスK	週2回	
					自宅で、更衣・移動・移乗・洗身等の一部介助を行う。	○	訪問介護	D訪問介護サービス	週1回	
					シャワーチェアーを購入する。	○	福祉用具購入	J福祉用具サポート	必要時	

※1 「保険給付の対象となるかどうかの区分」について、保険給付対象内サービスについては○印を付す。
※2 「当該サービス提供を行う事業所」について記入する。

第２表

居宅サービス計画書（2）

利用者名　　A　　殿　　　　　　　　作成年月日　○　年　○　月　○　日

生活全般の解決すべき課題（ニーズ）	目標				援助内容					
	長期目標	（期間）	短期目標	（期間）	サービス内容	※1	サービス種別	※2	頻度	期間
メリハリのある生活ができ、外出や他者との交流を継続していきたい。	負担なく外出ができるようになり、親類や友人宅への訪問ができる。	○年○月○日～ ○年○月○日	週に1回は買い物に行き、食材や日用品を購入できる。	○年○月○日～ ○年○月○日	夫の介助で、屋外用車いすや自動車で移動しスーパーに行き、自身で食材等を見て買い物を行う。 屋外用車いすを貸与する。	 ○	本人・家族 福祉用具貸与	本人・夫 J福祉用具サポート	週1回 必要時	○年○月○日～ ○年○月○日
			親類や友人と連絡をとり、自宅へ来てもらい、交流を続けられる。	○年○月○日～ ○年○月○日	スマホで親類や友人と連絡をとり、交流する。 親類や知人を自宅に招きティータイムを過ごす。		本人・家族 親類・友人	本人・夫 兄弟・母 友人	適宜	○年○月○日～ ○年○月○日
			定期的に外出して、体力をつける。	○年○月○日～ ○年○月○日	通所で他者との交流・機能訓練・体操・アクティビティ等のサービスを提供する。	○	通所介護	デイサービスK	週2回	○年○月○日～ ○年○月○日

※1 「保険給付の対象となるかどうかの区分」について、保険給付対象内サービスについては○印を付す。
※2 「当該サービス提供を行う事業所」について記入する。

第３表

週間サービス計画表

利用者名　A　殿

作成年月日　〇　年　〇　月　〇　日

		月	火	水	木	金	土	日	主な日常生活上の活動
深夜	0:00								
	2:00								
	4:00								
早朝	6:00								起床
									排泄・着替え・整容
午前	8:00								洗濯（本人・夫）朝食
		通所介護 リハビリ 入浴 交流			通所介護 リハビリ 入浴 交流				夫仕事へ
	10:00						訪問リハビリ	買い物 家族・本人 外食	スマホ・TV
午後	12:00								夫帰宅・食事準備（本人・夫）
									昼食・片付け・排泄
	14:00						訪問介護 入浴		歯磨き　夫仕事へ
									スマホ・TV
	16:00	訪問介護 調理・掃除		訪問介護 調理・掃除		訪問介護 調理・掃除			洗濯取り入れ・畳む
									排泄
夜間	18:00								夫帰宅・食事準備（本人・夫）
									夕食
	20:00								後片付け（本人・夫）
									歯磨き
深夜	22:00								着替え・紙おむつ・就寝
	24:00								

週単位以外のサービス	**福祉用具貸与**（特殊寝台・付属品、体位変換器、車いす（屋内用・屋外用）・付属品、手すり（ベッド・トイレ）、スロープ）J福祉用具サポート／**福祉用具購入**（ポータブルトイレ、補高便座、シャワーチェアー）J福祉用具サポート／△△クリニック通院（月1回）夫の送迎、〇〇大学病院通院（3月に1回）栄養指導（適宜）夫の送迎、M歯科・訪問歯科診療（月2回・随時）歯科医師・歯科衛生士、M歯科・居宅療養管理指導（月1回）

第５表

居宅介護支援経過

作成年月日　○　年　○　月　○　日

利用者名　A　殿

居宅サービス計画作成者氏名　○○　○○

年月日	項　目	内　容
○年○月○日	Bさん(夫) からの相談 (Bさんの実家)	Bさんの母のモニタリング後に、Bさんから、現在のAさん（本人）の状況についての説明や退院後のケアマネジメントを依頼したいとの相談がある。本人は、18年前のくも膜下出血後遺症により、一昨年秋ごろより心身機能の低下が顕著になり、令和4年1月と令和4年9月に手術を行った。手術をした○○大学病院での治療を終え、現在は回復期病棟がある××病院でリハビリを受けている。病院の説明では、来月中に退院の調整を行って退院することになる見込み。２月に退院カンファレンス等を行うので、病院との連携や退院に向けての相談にのってほしいとのこと。本人は車いすだが、手すり等を持って、支えてもらえば、車いすに移ることができている。車いすでの移動は、院内では自分でできており、自宅でどこまでできるかの不安はあるが、退院を希望している。現在の住宅は、段差の多い環境のため、来月中には市内のバリアフリーになっている集合住宅に転居が決まっている。住環境も相談したい。Bさんより、現在の病院の医療相談員に連絡をして、退院後の居宅介護支援事業所の希望として、当事業所の○○介護支援専門員にお願いしたいと考えていることをきく。病院からの連絡で、現在の病状等についての情報交換と退院に向けての調整を行っていくことになることを伝える。
○年○月○日	××病院 地域連携室 ○○医療 相談員より 入電	Aさん・Bさんより、居宅介護支援事業所の希望があったとのことで、現在の状況について、情報交換する。現在の診療情報提供書と看護サマリーの送付あり（病院より本人に確認済み）。現在病院は、コロナの影響で面会が自由にできない。住宅診断時の外出や退院カンファレンスについては、検温や症状確認、抗原検査の結果により、Aさんとの面会も許可している。2月15日以降に転居後の住宅に入れるため、住宅診断を行い、その後2/20前後に退院前カンファレンスの予定で、検討していくことになる。
○年○月○日	Bさんに電話 する	××病院の○○相談員より電話があり、必要な診療情報や看護サマリーを送付してもらったことを伝え、退院後の居宅介護支援の実施にあたり、事前に当事業所の重要事項を説明し、契約を交わす必要があることを説明する。 2/2(木)にBさんの実家を訪問し、面談することになる。Aさんへは、Bさんから内容を伝えてもらうことになる。
○年○月○日	夫と面談 (夫の実家) 重要事項説明 個人情報保護 契約の説明	介護保険制度及び、居宅介護支援事業について、市のパンフレットを用いて説明する。当事業所の重要事項説明書及び個人情報保護の取り扱いについて説明し、書類を配布する。契約書についての説明を行い、契約書を配布する。内容をAさんとも確認のうえ、後日の訪問時に了解が得られれば、各書類の記入をして、居宅介護支援事業所の届け出をしていくことになる。 今後の流れとして××病院の調整で、2/15前後の日程で、Aさんも外出し、リハビリ職による住宅診断を行い、その後に退院前カンファレンスがある。カンファレンスにて課題や対応を検討後、具体的な退院日が決まることをBさんと確認。 Bさんより、××病院と2月末～3月初旬で、病院と退院日を相談しているとのこと。
○年○月○日	××病院 地域連携室 ○○医療 相談員より 入電	住宅診断の日程について。日程は、2/15(水)14：00で決定したとのこと。Aさんの移動等は、××病院が担当する。福祉用具事業所は、Aさん・Bさんの希望があり、J福祉用具サポートで立ち合いを予定、××病院より依頼するとのこと。当日は××病院の理学療法士と作業療法士が参加する。退院後は、○○大学病院は定期的な検査で通院し、日頃の健康管理や処方等は、△△クリニックの医師が行うことになった。△△クリニックの医師は、○○大学病院出身で、連携がとりやすく、クリニックで訪問リハビリを行っていることもあり、Aさん・Bさんの希望で依頼しているとのこと。住宅診断時も△△クリニックの理学療法士が参加する。退院後の××病院への通院はないとのこと。
○年○月○日	自宅訪問 住宅診断 Aさん・Bさん	住宅診断で自宅訪問。××病院の理学療法士・作業療法士・△△クリニックの理学療法士・J福祉用具サポートの立ち合いがある。エレベーターの広さは十分で車いすと大人3人が入れて、エレベーター内での旋回可能。マンション入口から、エレベーター、玄関まで段差なく移動できる。上がり框の段差5cmは、Bさんの介助で移動できるが、Aさんの自走で上がるには、スロープが必要。居室のベッドや手すりの配置、トイレのドアの開閉や手すりの配置、浴室の広さやシャワーチェアーの確認、リビングの家具の配置予定、キッチンの広さや設備の配置、冷蔵庫・電子レンジ・食器棚の配置予定等を確認する。居室・トイレの手すりについては、床と天井につっぱり型の手すりで、ベストな位置に設置することになる。各専門職が間取り確認中に、Aさんと重要事項説明書や契約書の内容を確認、現在の心身状態や退院後の意向等を確認する。

第5表

居宅介護支援経過

作成年月日　○　年　○　月　○　日

利用者名　A　殿

居宅サービス計画作成者氏名　○○　○○

年月日	項　目	内　容
○年○月○日	自宅訪問 住宅診断 Aさん・Bさん	Aさんはリハビリの意欲が強く、さらなる回復の手ごたえをもっている。訪問のリハビリで、当面の移動方法等の相談やリハビリを行っていく一方で、通所でのリハビリや運動により、体力をつけていきたいとのこと。入浴は、退院後すぐは自宅で入れるイメージができないので、設備が整った所での入浴を希望だが、自宅でもシャワー浴はできるようにして、ゆくゆくは自宅でも入浴できるようにしていきたいとのこと。通所介護は、周りの利用者の年齢のこともあり、1日長くいるより、半日利用を希望。介護用ベッドや介助での起き上がり、移動になるが、車いすに乗れば、自力で自宅内を移動できるスペースはある。家事等の役割をできるだけ行っていけるように手伝ってほしいことや買い物も夫と行きたいことを話す。新しい住宅になるが、退院後に生活できそうなイメージはもった様子。細かい部分の動きは不安な面があるので、転倒の危険が少なく安全に移動できる方法で生活していきたい。2/18に夫が親類と、家具等の引っ越しを行うとのこと。訪問リハビリや福祉用具利用の他に訪問介護や通所サービスの利用が想定され、複数の事業所の説明をパンフレット等を用いて説明。
○年○月○日	××病院 退院前カンファレンス Aさん・Bさん	××病院に訪問し、退院前カンファレンスに参加。Aさん・Bさん・××病院（主治医・看護師・理学療法士・管理栄養士）・△△クリニック理学療法士・訪問看護師の参加あり。経過・病状・治療内容・内服・ADL・IADL等の説明がある。医師の意見としては、通院や内服等での病状管理が必要なこと、心身機能の回復や維持のため、リハビリが必要との意見がある。理学療法士からは、病院と自宅では環境が変わり転倒のリスクが高く、退院後は移乗の見守りや一部介助、移動方法は車いすを利用すること、安全を確保したうえで、サポートを受けながらリハビリや運動を続けていくように助言がある。△△クリニックとリハビリ内容の引継ぎを行う。福祉用具等の活用については、住宅診断での内容どおり。管理栄養士からは、退院前に栄養指導を行い再発を防止するためのポイントや食事メニューについてAさん・家族に伝えていく。在宅生活を再開するなかで、疑問や必要があれば、○○大学病院で管理栄養士の栄養指導を受けられる。買い物は、AさんとBさんで行う。食事作りについては、夫や訪問介護で動作を手伝ってもらいAさんが主体で、行っていきたい。包丁を扱うリハビリを実施中。
		（退院前カンファレンス続き）洗濯や掃除についても、訪問介護を利用したうえでAさんが行いできることを増やしていきたい。 看護師からは、主治医より病状は落ち着いているということ、内服管理も病院では看護師がしているが、Aさんの把握や管理状況に問題ない。保清について病院では、一部介助の排泄で失敗なくできており、週に2回の入浴で清潔が保たれているとのこと。入浴は、Aさんからは週に3回は入浴したいとの希望がある。退院当初は設備の整った通所サービスで利用し、浴槽につかりたい。自宅でも介助を受けてシャワー浴はできるようにし、在宅での身のまわりの動作がしっかりしてくれば、自宅の浴槽につかることも考えていきたい。看護師より口腔ケアについて、部分入れ歯の装着部の不具合による痛みや歯のぐらつきが1箇所あるため、退院後は歯科受診が必要で、Aさんも受診を希望。口腔ケアは電動歯ブラシ等を利用して概ねできるが、細かい磨き残しはある。退院前カンファレンスにでた生活課題等に対応するサービス利用や事業所等を選択・調整し、3/1に退院予定で進めていくことになる。カンファレンス後、Aさん・Bさんとサービス事業所の選択について相談する。通院や訪問リハビリは予定通り△△クリニック、本人の希望で福祉用具も病院で調整のあったJ福祉用具サポートに決定し、訪問介護と通所サービスは、2/15に説明したパンフレットから、D訪問介護サービスとデイサービスKの話を聞いて決めていくことになる。歯科は、平日はBさんの仕事で送っていけないため、訪問歯科を希望される。
○年○月○日	連絡調整の電話をする	D訪問介護サービスのサービス提供責任者に連絡、利用者の状況等を伝え利用調整可能とのこと。2/22(水)13：00に自宅で事業所の説明やサービス内容・日時調整のため訪問予定となる。
○年○月○日	連絡調整の電話をする	デイサービスKの生活相談員に連絡、利用者の状況等を伝え、利用調整可能とのこと。2/22(水)14：00に自宅で事業所の説明やサービス内容・日時調整のため訪問予定となる。
○年○月○日	連絡調整の電話をする	Bさんに電話し、D訪問介護とデイサービスKの面談について日時の了解を得る。 歯科の治療については、Bさんから今まで通っていたM歯科での訪問が可能か確認してもらうことになる。Bさんの確認後に情報提供等を行っていく。

第５表

居宅介護支援経過

作成年月日　○　年 ○ 月 ○ 日

利用者名　A　殿

居宅サービス計画作成者氏名　○○　○○

年月日	項　目	内　容
○年○月○日	自宅訪問 訪問介護との面談	自宅に訪問し、BさんとD訪問介護のサービス提供責任者と面談する。事業所の重要事項や主なサービス内容等の説明、契約内容の説明がある。居宅サービス計画の素案を提示し、サービス内容や日時等の意見交換や調整等を行う。Aさんも、テレビ電話で内容を確認する。 サービス担当者会議は、3/1の退院時12：00に自宅で行うことで調整する。
○年○月○日	自宅訪問 通所介護との面談	自宅に訪問し、BさんとデイサービスKの生活相談員と面談する。事業所の重要事項や主なサービス内容等の説明、契約内容の説明がある。居宅サービス計画の素案を提示し、サービス内容や日時等の意見交換や調整等を行う。Aさんもテレビ電話で内容を確認する。
	書類の受け取り	先日説明して配布した居宅介護支援事業所の契約書・重要事項説明書・個人情報保護規定等の書類を受け取り、記入等を確認する。
○年○月○日	連絡調整 △△クリニックに電話する	△△クリニックの訪問リハビリの理学療法士に、サービス担当者会議の日程を連絡。理学療法士の参加は可能、主治医の参加は難しいとのことで、居宅サービス計画の素案とともにサービス担当者の意見照会を送付することになる。
○年○月○日	連絡調整 J福祉用具に電話する	J福祉用具サポートの福祉用具専門相談員に電話し、サービス担当者会議の日程を連絡。参加は可能。福祉用具の納品は、住宅診断時の内容のもので2/28(火)の12：30に決定し、Bさんと一緒に立ち会うようになっているとのこと。納品に立ち会う予定。細かい位置調整は退院時のサービス担当者会議前に理学療法士とともに行う。
○年○月○日	Bさんより入電	M歯科と相談し、訪問歯科で対応してもらえることになったとのこと。介護支援専門員より、現在の状況について情報提供をしてほしいとのこと。
	M歯科に訪問 情報提供	M歯科に訪問し、Aさんの情報提供を行う。居宅サービス計画の素案を提示し診療できる日の日程調整を依頼する。サービス担当者会議については、参加は難しいとの事で、サービス担当者への意見照会用紙を渡す。
○年○月○日	自宅訪問 福祉用具納品	Bさんと福祉用具の納品に立ち会う。レンタル：特殊寝台・特殊寝台付属品・スロープ・手すり（ベッド横・トイレ）・車いす（屋内・屋外）・体位変換器。 福祉用具購入：ポータブルトイレ・補高便座・シャワーチェアー。
	原案確認	居宅サービス計画の素案から、修正・調整した居宅サービス計画の原案を確認する。 サービス利用票・別表で、サービス単位や利用料金についても、再確認する。

年月日	項　目	内　容
○年○月○日	退院・サービス担当者会議	11：00退院し、11：30帰宅、Aさん・理学療法士・福祉用具専門相談員と手すりやベッド位置等の微調整をし、スムーズに移乗や移動ができるスペース等を確保する。 Aさん・家族・△△クリニック・訪問リハビリ・D訪問介護・デイサービスK・J福祉用具サポートとサービス担当者会議を行い、居宅サービス計画原案の内容を確認・意見交換する。 在宅生活のなかで不具合や困ったことがあれば、介護支援専門員に連絡してもらうように話し、各サービス担当者には、初回の訪問時の利用状況の様子等はFAXにて送付してもらうように依頼。 △△クリニックの初回受診は、3/4(土)9：00予約。Bさんの送迎で行う。本日の退院時も自家用車の助手席に介助で移乗できた。初回受診には介護支援専門員も立ち会い、訪問リハビリの指示や病状や自宅生活等に対しての医師の意見等を確認する。 3/4(土)の訪問リハビリは、通院との時間調整で、10：30からの開始に変更で確認。 次回のモニタリング訪問はサービスを2回くらい経験した3/14(火)11：30の予定となる。
○年○月○日	△△クリニック通院に同行 訪問リハビリの意見確認	診察に立ち会う。××病院からの診療情報等の内容や検査データ・処方等を確認。 △△クリニックでも血液検査や尿検査を行う。医師より、病状は比較的安定しているため、月に1回の受診で、病状等を確認し、処方していく。リハビリについて、自宅の動きの確認や助言・動作方法の獲得のため、週1回の訪問リハビリの必要性は高い。 Aさんが希望している通所介護にも理学療法士がいるため、訪問リハビリとも連携して、通所での体力向上の運動やリハビリを行っていく。
○年○月○日	Aさんへ電話する	Aさんへ電話し、明日の11：30モニタリング訪問することを確認する。利用サービスの各担当者の対応やサービス内容は良く、日常生活での大きな不具合はないとのこと。自分の動きはまだスムーズにできにくいことや安定性に欠けるところがあるので、徐々にできることを増やしていきたいとのこと。各サービスは、予定通り利用できている。
	事業所内で訪問の準備	明日の訪問の準備として、各サービス担当者会らの初回利用情報や個別援助計画等について、内容を再確認する。モニタリングシートについても準備する。
○年○月○日	自宅・モニタリング訪問 本人・夫	自宅訪問し、Aさん・家族から、自宅へ戻ってからの生活状況・活動や動作について・サービス利用状況・意向や満足度・目標の達成状況等について確認する。

OCMAシートを利用して

OCMAシートの「相談受付表」と「基本情報」をフェイスシートとして、他機関との情報交換に使用しやすい。

「コンパクトアセスメント」と「周辺症状の現状とその背景」では、具体的な状況を特記事項として表すことができ、能力や可能性・背景要因等を記載することで、介護支援専門員のアセスメントでの捉え方が示されているため、他の専門職と活発な意見交換を行うための基礎資料として使用することができる。また、チェック欄があることで、生活課題を挙げる際の見落としも防止できる。本ケースでは、58歳と介護保険の通所サービスを利用するには比較的若い年齢層になるため、リハビリの意欲は強いが高齢者が多いサービスを継続して利用していけるかの戸惑いがあった。事業所へのお願い(配慮）に記載することで、サービス利用前に本人の懸念に対して、事業所としてどんな配慮ができるかを説明していただいたので、安心した初回のサービス利用となった。

「まとめシート」では、アセスメント面談や情報交換で確認した情報を、生活課題へ向けて整理・分析するために使用しやすい。現状から、原因・可能性・リスクを検討することで、マイナス面だけではなく、本人の意欲や行っていきたい事といったストレングスも表すことができ、解決すべき条件や生活課題に生かすことができる。本ケースでは、本人が身の回りの移動動作等を、(家族の見守りがなくても）自立して行いたいと思う意欲やさらに活動範囲を拡大し、買い物や家事の役割を自ら担っていきたいとの強い希望も関係者で共有することができた。

Bさんの事例

本人が自由でいられるために必要な環境とはどういうことか。
外出して戻れないことが増える認知症の夫への関わりに疲弊する妻の負担を考慮し、Bさん本人の不安も和らげるための支援を考える事例。

事例概要

- 自分で商売をしていたが失敗を経験した。事務員として大きな商店に75歳まで勤務した。結婚し長男、長女と４人で暮らしていたが、40年前に妻が他界。30年前に今の妻と再婚し、現住所に転居した。今の妻は、以前は派遣会社からの仕事を不定期に行っており、夫婦２人の暮らしは共働きで、互いに自分のことは自分でするというスタイルであったとのこと。
- 10年前に退職して、自宅周辺の散策や、山歩きを楽しんでいたが、ここ２、３年自宅に戻れなくなることがあり、警察に保護されることも出てきた。心配した長女が介護保険を申請し、要支援１の判定となった。妻は日常生活は自立しているので当面サービスは不要との思いがあり、様子を見てきた。その後も何度か警察に保護されたので、長女がGPS機能付きの携帯を持たせてみたところ、バス、電車を利用して、前の自宅（更地）周辺に行っていることがわかった。外出は日に２回のこともあり、ほぼ毎日、バス、電車に乗って出かけていた。ほとんどは自分で帰宅できたため、サービスを利用しないで見守ってきた。
- 夜間外出が頻回になったので、地域包括支援センターに相談し、区分変更の結果、要介護１となった。居宅介護支援事業所にデイサービス利用を求めて依頼があった。

基本情報

支援事業所	○○○○	事業所番号	○○○○○○○○○○	介護支援専門員	○○　○○
所在地	○市○町	TEL	00-0000-0000	FAX	00-0000-0000

受付日時	○　年　○　月　○　日　○　時	受付対応者	○○　○○	受付方法	(来所)・TEL・訪問・その他
訪問日	○年○月○日	課題分析場所	☑ 自宅　□ 施設（　　　）	理由	☑初回　□定期　□退院

フリガナ		生年月日	M　T　(S)　H　○　年　○　月　○　日　☑男性　□女性
氏　名	B	被保険者番号	○○○○-○○○-○○○
現住所	〒　　－ ○市○町	保険者番号	△△△△△△△
電話番号	00-0000-0000	福祉サービス利用援助事業	□ 成年後見 □ 日常生活

家族等連絡先	家族名	年齢	続柄	同・別居	電話番号	緊急連絡順
	E	77	妻	同	000-0000-0000	1
	F	55	長女	別	000-0000-0000	2
	G	58	長男	別	000-0000-0000	3

家族構成

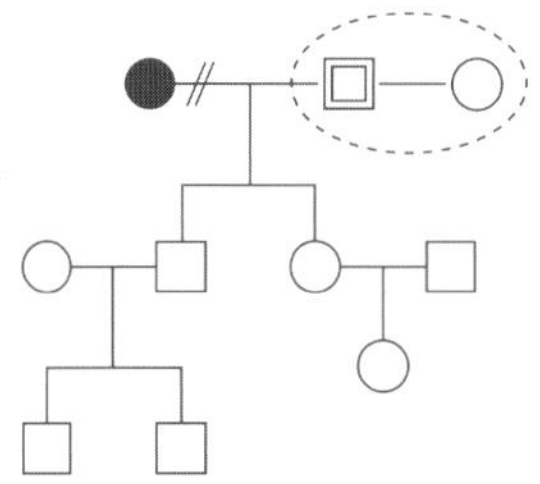

□男　○女　◎本人　●死亡　△キーパーソン

介護者に関する情報					
主たる介護者	妻	意思	(有)・無	負担感	(有)・無
妻は派遣会社からの仕事を不定期に行っていたが、最近は夫のことが心配で、仕事にも行けず、かつ夫との関わり方も難しく、途方に暮れている状態。					

生活歴	商売をしていたがうまくいかず、50歳を過ぎてから、果物店の事務の仕事についた。今の妻とは、その後知り合い結婚（再婚）。75歳まで事務職として勤務。	趣味・特技など 昔は将棋もしていた。1人で山歩きをする。通信教育で習字を習いながらアルバイトで年賀状書きや代筆をしていた。

要介護度	認定日	有効期間		
1	○　年　○　月　○　日	○　年　○　月　○　日　～　○　年　○　月　○　日		
支給限度額	交付年月日	障がい自立度	認知症自立度	審査会の意見
16765	○　年　○　月　○　日	J2	M(認定調査員Ⅱa)	

① 医療機関名	○○クリニック	診療科目	精神科	主治医	H医師	回数	1　回　／　週・(月)
所在地	○市○町	TEL	00-0000-0000	FAX	00-0000-0000		
② 医療機関名	Gデンタルセンター	診療科目	歯科	主治医	G医師	回数	1　回　／　週・(月)
所在地	○市○町	TEL	00-0000-0000	FAX	00-0000-0000		

健康状態		病　名	症状・痛み・経過・その他
既往症	①	前立腺がん	過去に前立腺がんが見つかり、早期に治療を行った。現在は、経過の観察を行っている程度。
	②		
主傷病	①	認知症	月に1回訪問診療により診察を行っている。認知機能の低下は徐々に進行している。 レミニール錠8mg（1日2回朝・夕食後）、デパス錠0.5mg（1日1回就寝後）
	②		
	③		

主治医の意見より	認知症の進行により、見当識障害や、徘徊し警察に保護されるなどの問題行動、幻覚や妄想に伴う独語などが認められる。風呂や着替えも見守りが必要となっている。デイサービスなどのサービス利用が望ましい。

健康保険	後期高齢者医療制度			☑ 本人	□ 家族	医療費負担割合	1　割
公費負担		負担割合	1　割	生保　□	担当CW	負担限度額認定	2　段階
障害者手帳	□ 有　☑ 無				経済状況	娘の援助あり	

コンパクトアセスメント

記入年月日　○ 年　○ 月　○ 日

		ADLと現在の状況	能力や可能性／精神心理状態など	チェック欄
ADLおよびIADL	寝返り	☑ 自立　□ 一部介助　□ 全介助 2階で1人で寝ている。布団。寝返りは自分で行っているが、快適といえない布団環境である。		
	起き上がり	☑ 自立　□ 一部介助　□ 全介助 周りに支える物はないが自分で起き上がっている。		
	座位	☑ 自立　□ 一部介助　□ 全介助 背もたれのないいすに座ることができるが、普段押し入れの戸にもたれて座っている。	自宅では同じ場所に座っている。ほかに座る場所がないかもしれない。	
	立位	☑ 自立　□ 一部介助　□ 全介助 こたつの縁を持つと、前屈みになりながらも楽に立ち上がることができている。怒ると仁王立ちになる。		
	移乗	☑ 自立　□ 一部介助　□ 全介助 自分で移乗はできている。誰も安全については気にかけていない。		
	歩行	☑ 自立　□ 一部介助　□ 全介助 以前よりはスピードが落ちたが、しっかりとした足取りで歩いている。	夜間などふらふらしているときでも外に行ってしまうので、転倒などの心配をしている。薬の影響かもしれない。	✓
	着衣	□ 自立　☑ 一部介助　□ 全介助 自分でできることはできるが、着る順番がわからないため、妻がいつも着る服を順番にハンガーラックにかけている。	外出時はいつも同じスラックスとおしゃれなシャツに着替えている。ハンガーラックに着る順番に衣類をかければ自分でできるので工夫が必要。	✓
	入浴	□ 自立　☑ 一部介助　□ 全介助 湯を出したら止められないなど一部介助を行う必要がある。	夜中に入ることが多い。寝る前にすすめても拒否する。昼夜逆転が進んでいるのかもしれない。	✓
	排泄後始末	□ 自立　☑ 一部介助　□ 全介助 尿漏れしたあと、着替えを促しても嫌がる。 失禁 ☑ 有 □ 無　回数　尿 4～5 回／日　便 1 回／1～2日　コントロール方法 なし	たまに失禁すると、汚れていても着替えようとしないのは、失敗したことを隠したいためか。	✓
	食事摂取	☑ 自立　□ 一部介助　□ 全介助 妻が準備したものを食べる。 栄養状態 ☑ 良 □ 不良　食事回数 3 回　水分摂取量 □ 良 ☑ 不良 700 cc／日	冷蔵庫の中から取り出すようにメモしておいても、読んでないことが増えている。文字への関心が薄れたか。脱水による認知機能低下はないか。	✓
	口腔ケア衛生	☑ 自立　□ 一部介助　□ 全介助 義歯の洗浄やうがいなど自分でしていると思う。確認はしていない。(妻) 月に1回訪問歯科診療を受けている。 口腔内の状態 ☑ 良 □ 不良　義歯 ☑ 有 □ 無　□ 全 ☑ 部分　☑ 上 □ 下	今後、口腔ケア（歯みがき・うがい）や義歯の洗浄などの促しや確認が必要か。	
	調理	□ 自立　□ 一部介助　☑ 全介助 妻がすべて行っている。温めなおしの火の不始末があり、行っていない。電子レンジの使用も難しい。		
	買物	□ 自立　□ 一部介助　☑ 全介助 本や洋服など同じものを買ってくるが、食料品など、生活に必要なものを買ってくる習慣がない。以前から妻任せであり、妻がすべて行っている。		
	環境整備掃除	□ 自立　□ 一部介助　☑ 全介助 妻がすべて行っているが、自宅内には物が大量にあり、座る場所と通る場所しかない。	若い頃は几帳面できれい好き。娘いわく、整理整頓されていないと気が済まない性格だった。本箱の整理などを頼むと並べてくれるかもしれない。	✓
	金銭管理	□ 自立　□ 一部介助　☑ 全介助 妻が行っているが、財布に2,000円程度いつも入れている（妻）。	バス代は払っている様子。無賃乗車はいけないと思っているのか、定期券を持たせても使用しないのは習慣がないからだろうか。	
	服薬状況	□ 自立　□ 一部介助　☑ 全介助 薬はすべて妻が管理している。本人に渡しても飲まないので、毎食みそ汁に入れて飲ませている。	薬の飲みやすい方法など主治医や薬剤師とも相談してみる。	✓
褥瘡の程度 皮膚の清潔状況		なし		
特別な状況 虐待・ターミナル		なし		
社会とのかかわり	参加意欲	本人は必要がないという。	もともと寡黙な人とのことだが、社会性がないわけではなく、自宅に人が来ても挨拶しており、本人が関わりやすい環境があれば、社会性は保持できるのではないか。	✓
	変化	以前は買い物にも行っていた。		
	喪失感 孤独感等	不明		
コミュニケーション		視力 ☑ 良好 □ 不良　聴力 □ 良好 ☑ 不良 意思の伝達 □ 良好 ☑ 不良　電話 □ 良好 ☑ 不良 補聴器（右）は忘れず使用しているが、妻との会話はうまくいかないことが多い。自宅に支援者が入ることを拒まず受け答えしている。	もとから言葉数の少ない人であるが、挨拶などのやり取りは適切に行える。妻以外の人とのコミュニケーションの機会を増やしていくことが、認知機能の維持につながるかもしれない。	✓
服薬内容		レミニール錠8mg（1日2回朝・夕食後）、デパス錠0.5mg（1日1回就寝前）		

周辺症状の現状とその背景

記入年月日　○ 年 ○ 月 ○ 日

周辺症状		現症状				背景・要因・気づいたことなど	チェック欄
ア	被害を訴える	☑ ない	☐ 時々ある	☐ ある			
イ	状況に合わない話をする	☑ ない	☐ 時々ある	☐ ある			
ウ	ない物が見える・聞こえる	☐ ない	☑ 時々ある	☐ ある	父親がときどき自分を迎えに来ているという。	5年前に、自宅周辺にやくざがいると騒いだことがあった、その頃から幻覚があったのかもしれない。	✓
エ	気持ちが不安定	☑ ない	☐ 時々ある	☐ ある	感情を顔に表すことは少ない。いつもむっつりしていたと妻はいう。		
オ	夜眠らない	☐ ない	☐ 時々ある	☑ ある	夜中に探し物をしたり、風呂に入ったり、外出することがある。	昼間にウトウトしている時間が多いからかもしれない。昼間の活動が少ないのかもしれない。	✓
カ	荒々しい言い方や振る舞いをする	☐ ない	☑ 時々ある	☐ ある	妻が繰り返し説明すると、「なんでそんなこと言われなあかん」と声を荒げることがある。	責められている気分になるのかもしれない。口にはしないが家事全般を担う妻を頼りにしており、見放された感があるのかもしれない。	
キ	何度も同じ話をする	☑ ない	☐ 時々ある	☐ ある	1年前まで独語が認められたが、今は寡黙である。	話すことが少なく、語彙の減少もあるのかもしれない。コミュニケーションの機会を作るのが話をすることの継続につながるかもしれない。	✓
ク	周囲に不快な音をたてる	☑ ない	☐ 時々ある	☐ ある			
ケ	声かけや介護を拒む	☐ ない	☑ 時々ある	☐ ある	着替えや入浴の介助を拒むことがある。	汚れていることを知られたくないかもしれない。妻に対して羞恥心があるかもしれない。めんどくさいだけかもしれない。	✓
コ	大きな声をだす	☑ ない	☐ 時々ある	☐ ある			
サ	落ち着きがない	☑ ない	☐ 時々ある	☐ ある	自宅では同じ場所に同じ格好で座ってウトウトしている。	自宅ですることがない。もともと自宅では何もしない人で、山歩きばかりしていたと妻は言う。自宅以外で楽しみを作る方が落ちついて過ごすことができるかもしれない。	✓
シ	歩き続ける	☐ ない	☑ 時々ある	☐ ある	バスに乗らず歩くこともある。		
ス	家に帰るなどの言動を繰り返す	☐ ない	☐ 時々ある	☑ ある	毎日3回程度、「家に帰る」という。2時間ほどどこかに行っている。バス⇒電車⇒目的地⇒電車⇒バス⇒自宅が多い。	前の自宅に帰りたい。「お父さんが早く帰ってこい」っていうからなど、何か聞こえているのか。以前、商売に失敗して住んでいた家（父の家）を手放したことに対する自責の念が強くなっている様子。	✓
セ	一人で危険だが外へ出ようとする	☐ ない	☑ 時々ある	☐ ある	止めても出て行ってしまう。止めると怒って勝手に出ていく。	夕方に出かけることが多く、夜10時ごろまで帰ってこない。帰れなくなることも増えている。	✓
ソ	外出すると一人で戻れない	☐ ない	☑ 時々ある	☐ ある	月に2回程度、警察から保護したことの電話がある。	GPS（携帯電話）をカバンに入れており、帰ってこないときは、娘が居場所を確認し、場合によっては迎えに行っている。	✓
タ	いろいろなものを集める	☐ ない	☐ 時々ある	☑ ある	同じ本を何冊も買ってくる。洋服を何枚も買ってためているが、買うだけで手を通さないものが大量にある。		
チ	火を安全に使えない	☑ ない	☐ 時々ある	☐ ある	火を使う機会がない。	1人で自宅に居るときは、火を使えないようにしている	
ツ	物や衣類を傷めてしまう	☑ ない	☐ 時々ある	☐ ある			
テ	排泄物をわからず触ってしまう	☑ ない	☐ 時々ある	☐ ある			
ト	食べられないものを口に入れる	☐ ない	☑ 時々ある	☐ ある	過去に、補聴器の電池を飲み込んだ。		
日常の意思決定認知能力		適切な意思決定は難しいが、トイレに行きたいときなどは、自分でトイレに行っている。					
本人・家族の主訴・要望		本人：お父さんの待っている家に帰りたい。自由奔放でいたい。誰かに押し付けられるのは嫌だ。（束縛はされたくないが、自分らしい生活ができるように関わってほしい） 妻：どうしたらよいかわからない。30年住んだこの家を、自分の家でないといわれるのはつらい。前の家を目指して出ていくことをやめてほしい。					
事業所へのお願い（配慮）		自宅の玄関から送迎車に乗るまでの支援が必要です。気持ちよく体が動くように誘導をお願いします。					

相談受付表

受付日時	○　年 ○ 月 ○ 日	受付方法	☐ 来所 ☑ 電話 ☐ その他	受付対応者	○○　○○

相談経路	地域包括支援センターより電話にて相談受付
相談内容	長女より、父親の夜間の外出が頻回になり困っていると相談があった。区分変更の結果、要介護1になった。デイサービスの利用を考えてほしい。
相談に至った経過	夫の退職後、妻が働いて家計を支えていた。夫はもともと1人で山歩きをしたりする人だったため、出歩いても居場所がわかるように、GPSを持たせていたため、サービスの利用はまだまだ早いと思っていた。しかし、夕方に出かけて夜中まで帰ってこないこともあり、心配した娘が地域包括支援センターに相談した。

一日の過ごし方

時刻	
4	
6	
8	朝食
10	
12	昼食
14	入浴（入りたいときに）
16	出かける
18	
20	
22	帰宅
24	
2	（夜中に入浴することもある）
4	

現在の生活の状況

日中は、同じところにずっと座って腕組みをして、テレビ番組を見ている。夕方になると、「帰る」といって出かけていき、夜10時ごろに戻ってくる。

住宅見取り図　（危険個所は▲）

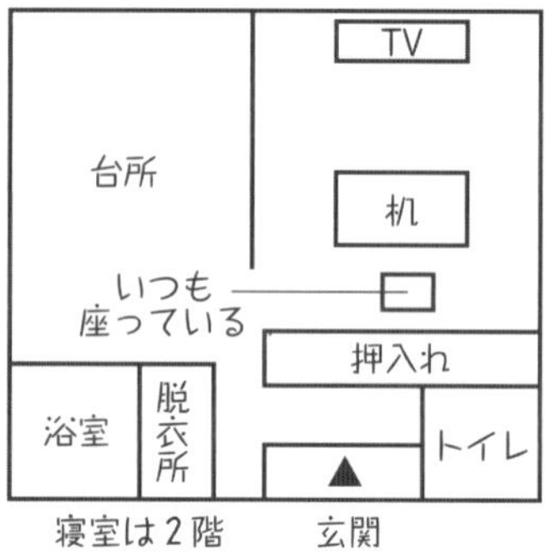

住宅改修の必要性　（ 有 ・ ㊁無 ）

必要個所と内容

現在利用しているサービスの状況

事業種別	頻度／月	開始日	事業所名	担当者名	電話番号 FAX	
	回				電話番号	
					FAX	
	回				電話番号	
					FAX	
	回				電話番号	
					FAX	
	回				電話番号	
					FAX	
	回				電話番号	
					FAX	
	回				電話番号	
					FAX	
	回				電話番号	
					FAX	
	回				電話番号	
					FAX	
	回				電話番号	
					FAX	
	回				電話番号	
					FAX	

まとめシート

記入年月日　○ 年　○ 月　○ 日

現状	考える視点（原因・可能性・リスク）	解決すべき条件
日中は、同じ場所に座ってテレビ番組を見ている生活。昼間ウトウトして夕方から外出をしたり（前の自宅へ行くなど）、探し物をしたり、お風呂に入ったりする。 寡黙な性格だが、人との関わりが嫌なわけではない。退職後は家の中にいて人との関わりがなくなった。 会話が少ないからか、語彙の減少も疑われる。すぐ怒るなど、自分の思いがうまく言葉として伝えられていない。 会話がきちんと聞き取れず、妻からの説明に声を荒げることがある。	（原因） 人との会話がなく1人で過ごす時間が長い。役割がなく、ウトウトして過ごすことから、昼夜逆転の傾向が伺われる。 （可能性） 誰かと過ごす機会が増えれば、話をするきっかけができることから、補聴器の調整を行うことで、きちんと会話が聞き取れ、責められているような不安の解消につながる。 家の中の片付けなど、過去は几帳面な性格だったことから、整理整頓など声をかけてみると一緒にしてくれるかもしれない。 （リスク） 人との関わりが少ないままだと、より認知機能の低下を進行させる。認知機能の低下は、今できている日常生活動作などがさらにできなくなることを助長する。	誰かと一緒に行うことを見つけたり、安全な居場所（夜間の外出先である前の家以外の居場所）をつくるためには、補聴器の調整をし会話の機会を確保したうえで、安心した暮らしと活動的な生活につなげることが必要であり、日中活動を行う通所系サービスの活用が有効となる。 （意向） 束縛はされず、自分らしくありたい。 （ニーズ） 不安な気持ちを解消したい。
自宅は物が多く、整理ができていない。座る場所と通路以外は物にあふれて暮らしている。 掃除などは妻が担っているが、大量のものは1人で廃棄ができない。 もともと几帳面な性格ではあったが、認知症の進行により、現在は整理整頓が1人ではできなくなっている。	（原因） 妻の介護疲れにより、掃除まで十分に手が回っていない、同じものを本人が購入し、整理ができない、妻の本人に対する関わり方がわからないことによるものと考えられる。 （可能性） もともと几帳面できれい好きであったことから、整理の仕方など一緒に声をかけて促すことにより、自分で実施するかもしれない。 本人も行うことで、妻1人の負担感が解消される。 本人の気持ちを尊重した関わり方ができることで、本人の不安が解消される。 （リスク） 物が多く散乱していると、転倒につながりやすくなる。活動の場所が制限されるので、より動作能力が低下する恐れがある。 不衛生な状態は、他の病気を起こす恐れがある。	自宅の環境整備は、妻だけでなく本人や子どもたちも一緒に行うことにより、家族のきずなも強まり、妻が1人で抱え込んでいる状況の解消につながる。 家族が認知症への理解を深めることが、Bさんの行動や不安な心理に寄り添うこととなり、今の自宅を自分の家として認識でき、自分らしい暮らしにつながる。 （意向） 自分らしい暮らしがしたい。 （ニーズ） 清潔な環境のなかで暮らしたい。
受診は訪問診療により行っているが、医師の診察を受けることは嫌ではない様子。 薬については、自分では飲まないため妻が管理して、食事と一緒に飲んでいる。 薬の影響なのか、夜間の歩行はふらつきがみられ、転倒の心配がある。 食事は3度摂取するが、水分は十分とれておらず、700CC／日程度となっている。	（原因） 病気に対する認識があまりなく、医師などからの説明について、きちんと聞こえていないことが疑われる。 水分は声掛けしないと飲まなくなってきている（口渇感が薄れてきていることが疑われる）。 （可能性） 水分は声をかけて飲むように促す。目につくところなどに、水筒やペットボトルなど水分がとれるような環境をつくると自分で飲む可能性がある。 補聴器の調整から薬の大切さなどを医師から再度説明してもらうことで、服薬への抵抗感が少なくなる可能性がある。 医師に服薬状況の共有および夜間状況などを共有することで薬の内容を検討することができる。 （リスク） 薬が適切に飲めないとさらなる認知機能の低下につながる。 十分な水分の摂取ができないと脱水からさらなる認知機能の低下や他の病気になる危険性がある。	日中声掛けの頻度を高め、食事や水分の摂取ができるようにする。朝夕の食事の時間に、適切に服薬を行えるようにする。規則正しい生活が健康の維持につながるため、標準的な一日の過ごし方を整えることによって自分らしい暮らしを続けることができる。 （意向） 束縛はされたくないが、自分らしい暮らしがしたい。 （ニーズ） 健康的な生活を続けたい。
普段は自分でトイレに行っているが、時々尿漏れがある。 失敗したときは、汚れた服を着替えようとせず、着替えのための声掛けにも拒否をすることがある。 着替えをあまりに促すと、かえって怒ってくる。	（原因） 尿漏れにより着ている服が汚れていることを指摘されたり知られたりすることが、羞恥心につながり着替えを拒否するものと考えられる。 汚れていることを指摘されるのは責められていると感じていると考えられる。 （可能性） 認知症の理解に基づき丁寧な声掛けや補聴器の調整ができると、Bさんも妻などの声掛けを受け止められるかもしれない。 尿漏れは、前立腺がんの影響によるものかもしれないので、医師に相談することで治療等必要な対応が取れるかもしれない。 （リスク） 汚れたままの服を着ていると、余計に人との関わりがなくなっていくことが考えられる。	前立腺がんによる影響など、排泄に関して医師に相談し、必要に応じて治療などを行う。また、失禁時の声掛けの方法や対応など、妻にも協力してもらい、本人が気持ちよく着替えを行えるように関わり方を変えていくことを妻に助言する。 （意向） 自分らしい暮らしがしたい。 （ニーズ） トイレは失敗なく行いたい。
入浴は、自分の入りたいときに入るという状況が続いている。 普段は昼間に入るようにしているが、夜中に入ることが増えている。お湯を出すと止められないなど、入浴において介助が必要な状況となっている。 着替えは自分でできるが、準備は必要であり、着替えの服を着る順番に渡している。 夜間になると、ふらついたりするので、心配な状況である。	（原因） 昼夜の逆転か不規則な生活により、入浴の時間が一定しないことが考えられる。 衣類を着る順番がわからなくなるのは、見当識障害や理解・判断の障害などが進行していると考えられる。 （可能性） １日の過ごし方など日中の活動や生活習慣が整うと、風呂に入りたいタイミングが日中になるなど、夜間の入浴がなくなるかもしれない。 （リスク） 自分の入りたいときに入ることができなければ、BPSDを引き起こすことになる恐れがある。	日中の活動、本人のしたい暮らしぶりを改めて確認すること。本人とともに１日の過ごし方を決めて、それを実施できるように体制を整える。 （意向） 自分らしい暮らしがしたい。 （ニーズ） 自分の入りたいときに入浴をしたい。

課題整理総括表

利用者名　B　殿　　　　作成日　〇／〇／〇

自立した日常生活の阻害要因（心身の状態、環境等）			
	①見当識障害により時間や場所がわからなくなる	②理解・判断力障害により状況の理解が難しい	③補聴器を使っても聞こえないことがある
	④自宅に物が多く整理できていない	⑤妻や家族の認知症に対する理解不足や介護疲れ	⑥本人の病気に対する認識が弱い

利用者及び家族の生活に対する意向	
	本人：自由奔放でいたい。誰かに押し付けられるのは嫌だ（束縛されたくないが、自分らしい生活ができるように関わってほしい。） 妻：夜にごそごそするので、眠れない日が続いて疲れている。言うことを聞いてくれないので、どうしたらよいかわからない。

（選択肢のうち〇印が記入されているものを太字で示す）

状況の事実 ※1		現在 ※2	要因 ※3	改善/維持の可能性 ※4	備考（状況・支援内容等）
移動	室内移動	**自立**　見守り　一部介助　全介助		改善　維持　悪化	夜間などはふらつくことがあるが、自分で行っている。
	屋外移動	**自立**　見守り　一部介助　全介助		改善　維持　悪化	
食事	食事内容	支障なし　**支障あり**	①②⑥	**改善**　維持　悪化	妻が準備したものを食べる。水分摂取が少ない。
	食事摂取	自立　見守り　**一部介助**　全介助	①②	改善　**維持**　悪化	冷蔵庫からの取り出しや準備は介助が必要。
	調理	自立　見守り　一部介助　**全介助**		改善　**維持**　悪化	妻が行っている。
排泄	排尿・排便	支障なし　**支障あり**	③⑤	**改善**　維持　悪化	たまに失敗する。汚れた衣類の着替えができない。
	排泄動作	自立　見守り　**一部介助**　全介助	②③④⑤	**改善**　維持　悪化	
口腔	口腔衛生	**支障なし**　支障あり		改善　維持　悪化	自分でしていて確認していない。月に1回訪問歯科診療を受けている。
	口腔ケア	**自立**　見守り　一部介助　全介助		改善　維持　悪化	
服薬		自立　見守り　一部介助　**全介助**	②③⑤⑥	改善　**維持**　悪化	妻が管理し、みそ汁と一緒に溶かして飲む。
入浴		自立　見守り　**一部介助**　全介助	①②③⑤	改善　**維持**　悪化	入りたいときに入り、湯を出したら止めることができない。
更衣		自立　見守り　**一部介助**　全介助	②③⑤	改善　**維持**　悪化	自分でしているが、促されると怒る。
掃除		自立　見守り　一部介助　**全介助**	②③④⑤	**改善**　維持　悪化	妻が行っているが、片付けが十分できていない。本人はもともときれい好き。
洗濯		自立　見守り　一部介助　**全介助**		改善　**維持**　悪化	妻が行っている。
整理・物品の管理		自立　見守り　一部介助　**全介助**	②③④⑤	**改善**　維持　悪化	妻が行っているが、片付けが十分できていない。本人はもともときれい好き。
金銭管理		自立　見守り　一部介助　**全介助**		改善　**維持**　悪化	妻が行っている。バスの運賃は払える。
買物		自立　見守り　**一部介助**　全介助		改善　**維持**　悪化	同じ本や洋服の購入はあるが、食材や日用品などの買い物は妻が行っている。
コミュニケーション能力		支障なし　**支障あり**	③⑤	**改善**　維持　悪化	補聴器（右）使用。大きな声でやっと伝わる。
認知		支障なし　**支障あり**	①②③⑤⑥	改善　**維持**　悪化	時間がわからなかったりその場の判断などが難しくなっている。
社会との関わり		支障なし　**支障あり**	①②③⑤	**改善**　維持　悪化	自宅に来る人とは挨拶をする。本人は必要とは思っていない。
褥瘡・皮膚の問題		**支障なし**　支障あり		改善　維持　悪化	
行動・心理症状（BPSD）		支障なし　**支障あり**	①②③⑤⑥	**改善**　維持　悪化	妻の声掛けに怒りっぽくなっている。昼夜逆転傾向。
介護力（家族関係含む）		支障なし　**支障あり**	①②③⑤⑥	**改善**　維持　悪化	妻は疲れ気味。説明しても伝わらないと言って困っている。
居住環境		支障なし　**支障あり**	②③④⑤	**改善**　維持　悪化	自宅に物があふれている。居場所が限られる。
				改善　維持　悪化	

見通し ※5	生活全般の解決すべき課題（ニーズ）【案】	※6
③⑤ 補聴器の調整を行うことで、きちんと会話が聞き取れるようになり、周囲が大きな声を出して話をすることも少なくなり、本人も責められているような感覚にならなければ、妻からの助言にも怒ることなく接することができるようになる。 妻や関わる人も、認知症についての理解を得ることで、本人の今の気持ちがわかり、本人を受け止められることにつながり、自宅に本人も安心できる環境が作れる（前の家に行くことが少なくなる）。 関わり方について、本人の役割など（整理整頓など）できそうなことを一緒に行うことにより、自分の居場所づくりにつながることやコミュニケーションの促進につながる。 日中の役割がもてるなどすれば、日中の活動性が増し、昼夜逆転傾向の改善につながる。昼夜逆転傾向の改善は、1日の過ごし方の改善にもつながる。本人とお話をしながら入浴時間なども一緒に確認を行っていくことで、自分らしい暮らしができるようになる。	不安な気持ちを解消したい。	1
	清潔な環境で暮らしたい。	2
④⑤ 整理整頓の役割については、妻だけが行うのではなく、家族以外の第三者と一緒に行うことで、妻の負担軽減になる。 妻も自分と違う人の関わりを見れることで、関わり方などの学びにもつながり、本人とのより良い関係づくりにつながる。	健康的な生活を続けたい。	3
①②③⑥ 訪問診療により医師の診察を受け、補聴器の調整ができ、医師からも本人へ服薬の大切さを説明してもらえると、薬を飲むことに前向きになる。併せて、健康についても助言を受け、水分の摂取機会づくりのため、ペットボトルなどを身近においておく。 薬剤師さんとともに服薬のためのカレンダーなど薬を飲むための工夫をすることにより、習慣化することができる。	トイレは失敗なく行いたい。	4
①②③⑤ 尿漏れしても補聴器の調整や声掛けの仕方など工夫を行い、本人が責められる気持ちにならないようにする。 一方、前立腺がんの影響については、医師に相談を行ってみる。	自分の入りたいときに入浴をしたい。	5

※1　本書式は総括表でありアセスメントツールではないため、必ず別に詳細な情報収集・分析を行うこと。なお「状況の事実」の各項目は課題分析標準項目に準拠しているが、必要に応じて追加して差し支えない。
※2　介護支援専門員が収集した客観的事実を記載する。選択肢に〇印を記入。
※3　現在の状況が「自立」あるいは「支障なし」以外である場合に、そのような状況をもたらしている要因を、様式上部の「要因」欄から選択し、該当する番号（丸数字）を記入する（複数の番号を記入可）。
※4　今回の認定有効期間における状況の改善／維持／悪化の可能性について、介護支援専門員の判断として選択肢に〇印を記入する。
※5　「要因」および「改善／維持の可能性」を踏まえ、要因を解決するための援助内容と、それが提供されることによって見込まれる事後の状況（目標）を記載する。
※6　本計画期間における優先順位を数字で記入。ただし、解決が必要だが本計画期間に取り上げることが困難な課題には「－」印を記入。

第１表

居宅サービス計画書（1）

作成年月日　○　年　○　月　○　日

初回・紹介・（継続）　（認定済）・申請中

利用者名　B　殿　生年月日　昭和○　年　○　月　○　日　住所　○市○町

居宅サービス計画作成者氏名　○○　○○

居宅介護支援事業者・事業所名及び所在地　○○○○　○市○町

居宅サービス計画作成（変更）日　○　年　○　月　○　日　初回居宅サービス計画作成日　○　年　○　月　○　日

認定日　○　年　○　月　○　日　認定の有効期間　○　年　○　月　○　日　～　○　年　○　月　○　日

要介護状態区分	（要介護1）・要介護2・要介護3・要介護4・要介護5
利用者及び家族の生活に対する意向を踏まえた課題分析の結果	本人：自由奔放でいたい。誰かに押し付けられるのは嫌だ（束縛はされたくないが、自分らしい生活ができるように関わってほしい）。 妻：夜にごそごそするので、眠れない日が続いて疲れている。言うことを聞いてくれないので、どうしたらよいかわからない。 聴き取りにくいことや周囲の認知症の理解などが十分でないことからBさんの生活に対する不安な気持ちが強くなっている。周囲の理解促進と日中の役割の再獲得により、昼夜逆転気味の暮らしから規則正しい生活を送ることが、Bさんらしい暮らしにつながると考えます。そのためには、補聴器の調整を行い、人との関わりの機会を増やし、水分摂取をはじめとする健康にも気遣いながら服薬をしっかり行い、入浴時間や外出時間など1日の過ごし方をBさんと一緒に考え、その内容に取り組むことが重要です。奥様の体調にも配慮して一緒に健康で生活できるようにしていきましょう。
介護認定審査会の意見及びサービスの種類の指定	
総合的な援助の方針	BさんがBさんらしい暮らしができ、安心して過ごせるような関わりや自分らしくあるために家の中での役割が再構築できることを目指します。 そのためには、病気をせず健康的な生活ができることや、トイレやお風呂など今できていることができること、1日の過ごし方や清潔でいられるように、Bさんの暮らしをお手伝いします。 緊急時の連絡先：（妻）○○○－○○○○－○○○○、（長女）○○○－○○○○－○○○○、（長男）○○○－○○○○－○○○○
生活援助中心型の算定理由	1．一人暮らし　2．家族等が障害、疾病等　3．その他（　）

第２表

居宅サービス計画書（2）

利用者名　　B　　殿　　　　作成年月日　○　年　○　月　○　日

生活全般の解決すべき課題（ニーズ）	目標：長期目標	目標：（期間）	目標：短期目標	目標：（期間）	援助内容：サービス内容	※1	サービス種別	※2	頻度	期間
不安な気持ちを解消したい。	安心して過ごすことができる。	○年○月○日～ ○年○月○日	みんなの声がきちんと聞き取れるようになる。	○年○月○日～ ○年○月○日	補聴器の調整を行う。		訪問診療	○○耳鼻科	直ちに	○年○月○日～ ○年○月○日
					受診の付き添い。		家族 ○○クリニック	妻		
					他の利用者とお話しする機会の提供。 会話の機会ができる。	○	通所介護 本人	○○デイ	1回／週	
			ストレスなく過ごすことができる。	○年○月○日～ ○年○月○日	無理強いせず気持ちを確かめながら、代筆などに取り組む。	○	通所介護	○○デイ	1回／週	○年○月○日～ ○年○月○日
清潔な環境で暮らしたい。	掃除や片づけなどの家事を通して家の中での役割をこなしていくことを目指す。	○年○月○日～ ○年○月○日	居室の片づけを行うことができる。	○年○月○日～ ○年○月○日	気持ちを確かめながら、本箱の片づけや居室やタンスの整理を一緒にする。	○	訪問介護	○○ヘルパー	2回／週	○年○月○日～ ○年○月○日
					やる気が出るように気持ちを支える声掛けを行う。		家族	妻、長男、長女	適宜	
健康的な生活を続けたい。	病気をせずに過ごすことができる。	○年○月○日～ ○年○月○日	お医者さんの指示を守ることができる。	○年○月○日～ ○年○月○日	定期的に診察や指導助言を行う。		訪問診療	○○クリニック	1回／月	○年○月○日～ ○年○月○日
						○	居宅療養管理指導		1回／月	
					声掛けをもらいながら服薬カレンダーを活用してお薬を忘れず飲む。	○	居宅療養管理指導	○○薬局	2回／月	
							本人		服薬時	
							家族	妻		
					定期的に診察や指導助言を行う。		訪問歯科診療	○○デンタルクリニック	1回／月	
						○	居宅療養管理指導		2回／月	
					居室にお茶の入ったペットボトルを準備する。		家族	妻	適宜	

※１「保険給付の対象となるかどうかの区分」について、保険給付対象内サービスについては○印を付す。
※２「当該サービス提供を行う事業所」について記入する。

第２表

居宅サービス計画書（2）

利用者名　　B　　殿　　　　　　　　作成年月日　○　年　○　月　○　日

生活全般の解決すべき課題（ニーズ）	目標：長期目標	（期間）	短期目標	（期間）	援助内容：サービス内容	※1	サービス種別	※2	頻度	期間
トイレは失敗なく行いたい。	トイレの失敗をしない。	○年○月○日〜○年○月○日	１人でトイレに行き着替えも自分でできる。	○年○月○日〜○年○月○日	トイレで排泄を行う。		本人		適宜	○年○月○日〜○年○月○日
					失敗したときは気持ちを支え、着替えを促す声掛けと準備を行う。		家族	妻、長男、長女	適宜	
						○	通所介護	○○デイ	1回／週	
					失敗したときは自分で着替えを行う。		本人		適宜	
					前立腺がんの影響について医師に相談する。		本人、家族	本人、妻、長男、長女	適宜	
自分の入りたいときに入浴をしたい。	ゆっくりお風呂に入れる。	○年○月○日〜○年○月○日	１日の過ごし方が整う。	○年○月○日〜○年○月○日	自分らしい１日の過ごし方を相談しながら日課や週間サービス計画表をBさんと一緒に作る。	○	居宅介護支援	担当ケアマネジャー	直ちに	○年○月○日〜○年○月○日
							本人、家族	本人、妻、長男、長女		
						○	各サービス担当者			
			１人でお風呂に入れる。	○年○月○日〜○年○月○日	皆で決めた時間に入浴をする。		本人		毎日	
					お風呂の準備を行う。		家族	妻		

※１「保険給付の対象となるかどうかの区分」について、保険給付対象内サービスについては○印を付す。
※２「当該サービス提供を行う事業所」について記入する。

第３表

週間サービス計画表

利用者名　　B　　殿　　　　　　作成年月日　○　年　○　月　○　日

		月	火	水	木	金	土	日	主な日常生活上の活動
深夜	0:00								
	2:00								
	4:00								
早朝	6:00								
午前	8:00								起床、朝食、服薬
	10:00	訪問介護		通所介護		訪問介護			
午後	12:00								昼食
	14:00								外出（水曜日以外）
	16:00								入浴（水曜日以外）
夜間	18:00								夕食、服薬
	20:00								
深夜	22:00								就寝、服薬
	24:00								

週単位以外のサービス	訪問診療、居宅療養管理指導、訪問歯科診療

OCMAシートを利用して

- 本人の気持ちを「周辺症状の現状とその背景」シートで考えることができた。自宅内での様子を「コンパクトアセスメント」シートに入力しながら、妻が思っている能力と本人のしていることとのギャップがあり、本人ができないことが増えているが、受け止められない妻の思いがあることがわかった。
- 自発的な活動が「父親に会いたい」という衝動以外に見られず、日中は一定の場所に座り続けている。暗くなると「帰らなくては」との思いが強くなり、妻が止めても帰ろうと試み、同じことを繰り返すようになった。他にも、Bさんの普段の生活スタイルを細かく知ることができ、ADLも自立していることから周囲との関わりも少なく、認知症の進行により物事がわからなくなってくる不安がうまく伝えられないと推察することができた。
- 初回面接で「誰にも束縛されたくない。自由でいたい」と話されたが、束縛されたくはないが自由でいられるように関わってほしいとの意味ではないのか、放っておくこととは違うのではないかと推察することができた。本人が自由でいられるために必要な環境は、自宅で座ることではなく、自分にわかる言葉で話しかけられることとわかった。補聴器の調整を行い、認知症ケアに強い関心をもち、関係づくりがうまいケアワーカーに依頼することにつながった。

Cさんの事例

大腿骨頸部骨折をしたことで、生活が一変し、生きがいや楽しみがなくなってしまう恐れがあった。本人の不安を払拭し、今後生活をするうえでの生活環境を整える支援を考える事例

事例概要

兼業農家の分家に嫁いでから、毎日農業をし、近隣の人たちともよい関係を築いて地域の行事にも参加して暮らしてきた。二人の男の子を育て上げ、長男とは結婚してからも同居し、ずっと農業は続けてきた。夫が脳梗塞で倒れ、介護をすることになり、農作物の出荷はやめたが、家族が食べるものだけでも作りたいと農作業を続けた。夫が亡くなった後も農作業をして、近所の友人たちとも農作業をしながら交流を図り、老人会などにも参加して、90歳になっても充実した生活を送ってきた。しかし外出中に転倒し、左大腿骨頸部を骨折して入院。退院後は生活が一変してしまった。畑までの坂道も誰かの介助がないと下りられなくなり、畑に行くこともできなくなった。今まで気にならなかった別棟の風呂も段差が大きく自分で入れなくなり、家族も日中は畑仕事があり介助はできない。90歳を過ぎたので無理して畑仕事をする必要はないとの考えが家族にはあり、生活環境も生活を阻害する要因になってしまった。畑に行くこともできず、おしゃべり好きだったにもかかわらず、友人たちとの交流もできなくなり、これから自分は何をしていけばよいのかと生きる張り合いがなくなってしまい不安が募った。今までの生活に戻りたいという気持ちが強く、リハビリに対してはとても積極的であった。入院中にソーシャルワーカーの勧めで介護保険申請を行い要介護1の認定がおり、当事業所に相談となった。

基本情報

支援事業所	○○○○	事業所番号	○○○○○○○○○○	介護支援専門員	○○ ○○
所在地	○市○町	TEL	○○-○○○○-○○○○	FAX	○○-○○○○-○○○○

受付日時	○ 年 ○ 月 ○ 日 ○ 時	受付対応者	○○ ○○	受付方法	来所 (TEL) 訪問・その他
訪問日	○年○月○日	課題分析場所	□ 自宅 ☑ 施設（○○病院）	理由	□初回 □定期 ☑退院

フリガナ		生年月日	M T (S) H ○ 年 ○ 月 ○ 日 □男性 ☑女性
氏 名	C	被保険者番号	○○○○-○○○-○○○
現住所	〒 ー ○市○町	保険者番号	△△△△△△△
電話番号	××-××××-××××		

福祉サービス利用援助事業	
□	成年後見
□	日常生活

家族構成

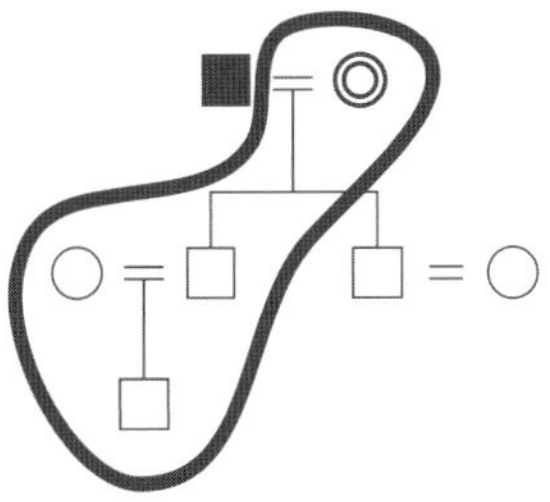

□男 ○女 ◎本人 ●死亡 △キーパーソン

家族等連絡先

家族名	年齢	続柄	同・別居	電話番号	緊急連絡順
H		長男	同	○○○-○○○○-○○○○	1
I		次男	別	○○○-○○○○-○○○○	2

介護者に関する情報

主たる介護者	長男	意思	(有)・無	負担感	(有)・無

長男は生まれてからずっと両親と一緒に暮らしており、結婚してからも妻と子どもと両親と同居。10年前に父を見送り、5年前に定年退職してから家の畑仕事をしている。
次男は隣の市に住み、週末に訪ねてきてくれ、外出の援助をしてくれる。

生活歴

地元の兼業農家に嫁ぎ専業主婦として2人の子育てをし、家の畑で野菜などをつくって暮らしてきた。夫を見送ってからも、近所の人たちと交流をもち、老人会などにも参加していた。

趣味・特技など

野菜づくり 花を育てる 編み物 折り紙など

要介護度	認定日	有効期間		
1	○ 年 ○ 月 ○ 日	○ 年 ○ 月 ○ 日 ～ ○ 年 ○ 月 ○ 日		
支給限度額	交付年月日	障がい自立度	認知症自立度	審査会の意見
	○ 年 ○ 月 ○ 日	A2	自立	なし

① 医療機関名	○○中央病院	診療科目	内科	主治医	○○○○	回数	1 回 ／ 週・(月)
所在地	○市○町	TEL	○○-○○○○-○○○○	FAX	○○-○○○○-○○○○		
② 医療機関名	○○中央病院	診療科目	整形外科	主治医	○○○○	回数	1 回 ／ 週・(月)
所在地	○市○町	TEL	○○-○○○○-○○○○	FAX	○○-○○○○-○○○○		

健康状態		病 名	症状・痛み・経過・その他
既往症	①	右下肢静脈瘤	
	②	胆石	
主傷病	①	左大腿骨頸部骨折	①痛みあり。
	②	高血圧症	②処方薬あり。安定している。
	③	めまい症	③処方薬あり。時々症状あり。

主治医の意見より	リハビリ継続と塩分控えめの食事摂取の指導あり。動作時は人工骨頭の脱臼肢位注意。

健康保険	後期高齢者医療保険	☑ 本人 □ 家族		医療費負担割合	1 割
公費負担		生保 □	担当CW	負担限度額認定	3 段階
障害者手帳	□ 有 ☑ 無			経済状況	遺族年金

コンパクトアセスメント

記入年月日　○ 年　○ 月　○ 日

		ADLと現在の状況	能力や可能性／精神心理状態など	チェック欄
ADLおよびIADL	寝返り	☑ 自立　☐ 一部介助　☐ 全介助 何かにつかまれば行えるが、仰臥位ができないため常に横を向いている。	ベッド横に置き型手すりを設置することで自分で行える。	✓
	起き上がり	☑ 自立　☐ 一部介助　☐ 全介助 何かにつかまれば行える。	ベッド横に置き型手すりを設置することで自分で行える。	✓
	座位	☑ 自立　☐ 一部介助　☐ 全介助 背もたれがなくても保てるが、円背のため常に前傾姿勢である。	ひじ掛けいすがあればなお良し。	
	立位	☑ 自立　☐ 一部介助　☐ 全介助 つかまるものがないときは両膝に手をついて行う。		
	移乗	☑ 自立　☐ 一部介助　☐ 全介助 いすのひじ掛けやテーブルに手をついて行っている。	ひじ掛けいすがあれば良し。	
	歩行	☐ 自立　☑ 一部介助　☐ 全介助 円背で前傾姿勢。歩行器を使えば行えるが、杖歩行は見守りが必要。歩行時に疲労が溜まってくると腰背部と左大腿部に痛みやしびれが生じる。	専門職によるリハビリを受け、姿勢の改善や下肢筋力の維持向上を図れば歩行が安定する。	✓
	着衣	☑ 自立　☐ 一部介助　☐ 全介助 いすに腰かけて行うことができる。		
	入浴	☐ 自立　☑ 一部介助　☐ 全介助 浴槽のまたぎ動作が難しい。背中の洗いは不十分。	浴室環境を改善し、入浴動作の練習を行うことで浴槽入浴が可能になる。	✓
	排泄 後始末	☑ 自立　☐ 一部介助　☐ 全介助 夜間頻尿と切迫性失禁があり間に合わないことがある。自宅トイレにはすでに手すりが設置されており、便座移乗時に使用している。リハビリパンツ使用。 失禁 ☑ 有 ☐ 無　回数　尿 10 回／日　便	トイレに近い場所にベッドを設置し、手すりを設置することでスムーズに離床できればトイレに間に合う。また泌尿器科に相談する。 1 回／　日　コントロール方法	
	食事摂取	☑ 自立　☐ 一部介助　☐ 全介助 栄養状態 ☑ 良 ☐ 不良　食事回数 3 回	水分摂取量 ☑ 良 ☐ 不良　900～1000 CC／日	
	口腔ケア 衛生	☑ 自立　☐ 一部介助　☐ 全介助 座って行えば歯みがきは問題なく行える。 口腔内の状態 ☑ 良 ☐ 不良　義歯 ☐ 有 ☑ 無	☐ 全 ☐ 部分　☐ 上 ☐ 下	
	調理	☐ 自立　☐ 一部介助　☑ 全介助 以前から長男の妻がすべて行っている。		
	買物	☐ 自立　☑ 一部介助　☐ 全介助 品物を選んだり金銭の受け渡しは問題ないが、荷物が持てない。必要時は次男が買い物に連れて行ってくれる。		
	環境整備 掃除	☐ 自立　☑ 一部介助　☐ 全介助 簡単な拭き掃除は行えるが、掃除機はかけられないので長男が手伝っている。		
	金銭管理	☑ 自立　☐ 一部介助　☐ 全介助 小遣い程度の管理は行っている。大きな金銭管理は長男が行っている。		
	服薬状況	☑ 自立　☐ 一部介助　☐ 全介助 自分で管理している。		
褥瘡の程度 皮膚の清潔状況		問題ない		
特別な状況 虐待・ターミナル		問題ない		
社会とのかかわり	参加意欲	老人会に参加したい、人と交流したいと思っている。	送迎付きのサービスの利用や、月1回の老人会への送迎を家族にお願いすることで、人との交流も再開できる。	
	変化	自宅敷地前に急な坂道があり、自分で出かけることができなくなった。		
	喪失感 孤独感等	畑で近所の人と話をしていたが、それができなくなったため、孤独感がある。		
コミュニケーション		視力 ☐ 良好 ☑ 不良　聴力 ☑ 良好 ☐ 不良 意思の伝達 ☑ 良好 ☐ 不良　電話 ☑ 良好 ☐ 不良 眼鏡を使用。話し好きで誰とでも仲よくなれる。		
服薬内容		降圧剤　胃腸薬　痛み止め（頓服）		

周辺症状の現状とその背景

記入年月日　○ 年 ○ 月 ○ 日

周辺症状		現症状			背景・要因・気づいたことなど	チェック欄
ア	被害を訴える	☑ ない	□ 時々ある	□ ある		
イ	状況に合わない話をする	☑ ない	□ 時々ある	□ ある		
ウ	ない物が見える・聞こえる	☑ ない	□ 時々ある	□ ある		
エ	気持ちが不安定	☑ ない	□ 時々ある	□ ある		
オ	夜眠らない	☑ ない	□ 時々ある	□ ある		
カ	荒々しい言い方や振る舞いをする	☑ ない	□ 時々ある	□ ある		
キ	何度も同じ話をする	☑ ない	□ 時々ある	□ ある		
ク	周囲に不快な音をたてる	☑ ない	□ 時々ある	□ ある		
ケ	声かけや介護を拒む	☑ ない	□ 時々ある	□ ある		
コ	大きな声をだす	☑ ない	□ 時々ある	□ ある		
サ	落ち着きがない	☑ ない	□ 時々ある	□ ある		
シ	歩き続ける	☑ ない	□ 時々ある	□ ある		
ス	家に帰るなどの言動を繰り返す	☑ ない	□ 時々ある	□ ある		
セ	一人で危険だが外へ出ようとする	☑ ない	□ 時々ある	□ ある		
ソ	外出すると一人で戻れない	☑ ない	□ 時々ある	□ ある		
タ	いろいろなものを集める	☑ ない	□ 時々ある	□ ある		
チ	火を安全に使えない	☑ ない	□ 時々ある	□ ある		
ツ	物や衣類を傷めてしまう	☑ ない	□ 時々ある	□ ある		
テ	排泄物をわからず触ってしまう	☑ ない	□ 時々ある	□ ある		
ト	食べられないものを口に入れる	☑ ない	□ 時々ある	□ ある		
日常の意思決定認知能力		年相応のもの忘れはあるが特に問題ない。日常のことについては自己決定できるが、病気や手術を受けること、介護保険のサービスを利用すること等については長男・次男と相談する。				
本人・家族の主訴・要望		本人：元通りに歩けるようになって、また畑仕事をしたい。坂の下の集会所での老人会はぜひ参加したい。 家族：自分のことは自分でできるようになってもらいたい。家のお風呂は危険なのでどこかで入れてもらいたい。				
事業所へのお願い（配慮）		左人工骨頭置換術を受けておられ、左足に可動域の制限があるため、リハビリにおいて留意願いたい。送迎時は玄関脇まで送迎車が入れない。玄関から下の道路までは急な坂道のため、転倒に注意して介助をお願いしたい。				

相談受付表

受付日時	○　年 ○ 月 ○ 日	受付方法	□ 来所 ☑ 電話 □ その他	受付対応者	○○　○○

相談経路	○○○リハビリテーション病院MSWより相談
相談内容	2022年6/20、外出中に転倒。左股関節痛を訴え、起立動作困難となったため○○中央病院に救急搬送され、左大腿骨頸部骨折の診断を受け入院。6/24左人工骨頭置換術を受け、7/11リハビリ目的で○○○リハビリテーション病院に転院となった。リハビリ開始時は車いすであったが、キャスター付歩行器、T字杖見守りへと回復。左大腿部の疼痛は時々見られるが自制内にて経過、9月中旬に退院予定のため、退院後の支援をしてもらいたい。
相談に至った経過	入院前より円背著明で左大腿部の痛みも残っているため、歩行は不安定。歩行時に疲労が溜まってくると腰背部に鈍痛出現あり、左下肢にしびれ認める。夜間のみ尿意切迫あり、トイレに間に合わず、リハビリパンツ使用。住環境の問題があり、自宅での入浴も難しい。禁忌肢位もあり支援が必要と考え相談。

一日の過ごし方

時刻	
4	
6	起床
	着替え
8	朝食
10	庭の散歩
12	昼食
14	趣味（編み物）
	入浴
16	
18	夕食
	テレビ
20	
22	就寝
24	
2	
4	

現在の生活の状況

入院中は1日に3回1時間ずつリハビリを行っている。
食事は食堂まで移動して摂取している。

入院前は日中は自宅前の坂を下りて道路を渡ったところにある畑で農作業をしていた。休憩時間は自宅の縁側で知人とおしゃべりなどしていた。月に1回自宅の前の急な坂道を10ｍ下りたところにある集会所で老人会に参加していた。

住宅見取り図　（危険個所は▲）

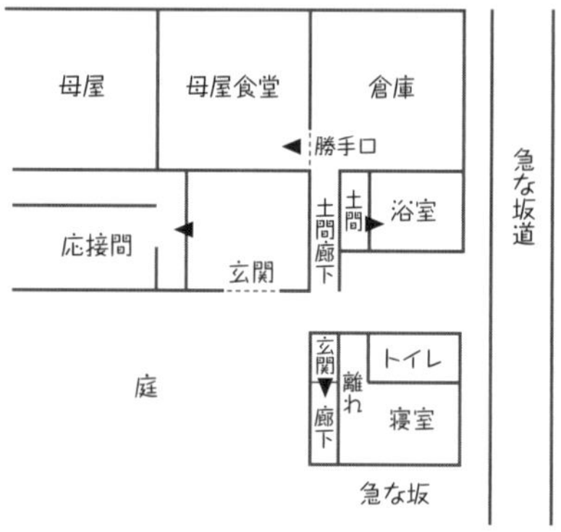

住宅改修の必要性　（ 有（丸印）・ 無 ）
必要個所と内容
浴室の脱衣所の段差解消
浴室内の手すり設置
浴槽の高さ解消
母屋と離れの土間の廊下に手すり設置
敷地から道路までのスロープに手すり

現在利用しているサービスの状況

事業種別	頻度／月	開始日	事業所名	担当者名	電話番号 FAX	
	回				電話番号	
					FAX	
	回				電話番号	
					FAX	
	回				電話番号	
					FAX	
	回				電話番号	
					FAX	
	回				電話番号	
					FAX	
	回				電話番号	
					FAX	
	回				電話番号	
					FAX	
	回				電話番号	
					FAX	
	回				電話番号	
					FAX	
	回				電話番号	
					FAX	

まとめシート

記入年月日　○ 年　○ 月　○ 日

現状	考える視点（原因・可能性・リスク）	解決すべき条件
平坦な場所ではキャスター付歩行器を使えば歩けるが、自宅内環境で歩行器を使うことができない。杖歩行はまだ痛みもあり付き添いや見守りが必要。円背で腰がかなり曲がっており、前傾姿勢になる。起き上がりや立ち上がり動作はつかまるところがあれば可能だが、つかまるところがない場所では立ち上がりや立位保持の際に、円背のため前かがみになって、自身の膝に手をついてバランスをとる。身体的な負担がかかると腰に痛みが生じたり足にしびれを感じてしまう。	【原因】 左大腿骨頸部骨折による人工骨頭置換術に伴い、痛みや左大腿骨頸部の可動域制限、円背で腰が曲がっていることや、下肢筋力低下など。 【可能性】 屋内の動線に手すりを設置することで、起居動作や杖歩行にて移動が可能になる。 専門職のリハビリを受け、姿勢の改善や下肢筋力を維持向上することで歩行が安定する。 適切な歩行補助具を選定することで転倒のリスクも改善できる。 【リスク】 つかまるところがない場所での立ち上がりや歩行時に転倒のリスクがある。疲れがたまると腰や足に痛みが生じる。	適切な補助具（T字杖または歩行器）の選定を行い、それを使用した専門職によるリハビリを行うことで、下肢筋力の向上と大腿骨頸部の痛みの改善を図り、移動能力を向上させる。また自宅内の動線に手すりの設置を行い転倒のリスクを軽減する。ベッド横に手すりを設置することで起き上がりや立ち上がりをしやすくする。
自宅環境が母屋、離れ、浴室棟に分かれており、食事は母屋へ行かなければならず、離れにある自分の部屋から母屋までは土間の廊下になっている。玄関から敷地外へのアプローチは急な坂になっており、敷地外の道路も急な坂道で、平坦な場所までは15m近くある。そのため外出が難しい状況である。	【原因】 古い家屋で、改修が難しい。 家が高台にあり敷地までの道路が坂道になっていて、手すりがない。 【可能性】 敷地内の玄関から道路までの動線に屋外手すりを設置することで介助者の介助量も減り、外出しやすくなる。 【リスク】 坂道を1人で下ると転倒してしまうリスクが高い。	離れから浴室、母屋の食堂への土間の廊下に手すりを設置することで、杖歩行による移動を行いやすくする。 敷地内の玄関アプローチの坂に屋外用手すりを設置し上り下りをしやすくする。
左足に可動域制限があり、浴槽を跨ぐ動作が難しい。また、浴槽も深いため、自宅での入浴が難しい。浴室は母屋や離れとは別にある。入り口は土間、脱衣所は高い段差を上がらなければならず、上がることが難しい。今まで行っていた1日おきの入浴ができず清潔保持ができなくなってしまう。	【原因】 左大腿骨頸部に人工骨頭置換術を受けたことによる脱臼肢位がある。浴槽が深く、手すりもない。浴室の入り口の土間から脱衣所に上がるのに40cm程度の段差がある。 【可能性】 浴室の住宅改修を行う。入り口から脱衣所への上がり框に階段付きの手すりを設置、浴室内にも手すりを設置、浴槽台を使ったり、低い浴槽への入れ替えを行うことで自宅での入浴は可能になる。また右足での跨ぎ動作や入浴動作の練習を行うことで、浴槽につかることも可能になる。 【リスク】 左足での跨ぎ動作は脱臼のリスクがある。	入浴介助を受けながら専門職による入浴動作の練習を行い、自宅で入浴可能な状態になるようにしていく。自宅浴室棟の脱衣所への昇降に階段付きの手すりを設置する。浴室内の壁面に手すりを3か所設置し浴室内の移動や浴槽の跨ぎをしやすくする。浴槽の外と内側に浴槽台を設置し、浴槽の段差が低くなるようにする。
1人での外出が難しいため、今まで行っていた畑仕事もできない、老人会にも行けない。ずっと自宅の居室内で過ごさなければならなくなっており、生活に意欲がもてない。出かけるのは月1回の通院だけになってしまう。息子夫婦は日中は畑に行ってしまうため、介助ができない。	【原因】 同居家族は日中は畑に出てしまい、1人の時間が多く介助が望めない。 畑や集会所へ行くには急な坂道を下りなければならず家族から止められている。 【可能性】 送迎付きの他者との交流場所を提供することで、話し相手ができる。 月に1回、介助にて集会所への送迎を行えば老人会に参加できる。 敷地内の広い庭でできる家庭菜園など行うことで作物を育てることができ、意欲向上にもつながる。 【リスク】 閉じこもりになると、廃用症候群による能力低下が起きる。	他者との交流や手芸や折り紙などを楽しめる場所の提供を行う。送迎車を使い、坂道の上り下りの介助を行う。 月に1回の集会所への送迎の介助を家族に協力してもらう。

課題整理総括表

利用者名　C　殿　　　　作成日　○ ／ ○ ／ ○

自立した日常生活の阻害要因（心身の状態、環境等）			
	①骨折後の可動域制限と痛みがある	②日中家族が畑仕事でいない	③下肢筋力の低下があり持久力がない。
	④閉じこもりになり楽しみがない	⑤自宅の敷地の外が急な坂道	⑥浴室棟が離れており段差が大きい

利用者及び家族の生活に対する意向	
	本人：また老人会に参加したり畑仕事をしたい。 家族：身の回りのことは自分でできるようになってほしい。 家のお風呂は危険なのでどこかで入れてもらいたい。

（丸で囲まれた選択肢は**太字**で示す）

状況の事実 ※1		現在 ※2	要因 ※3	改善/維持の可能性 ※4	備考（状況・支援内容等）
移動	室内移動	自立 **見守り** 一部介助 全介助	①③⑥	**改善** 維持 悪化	屋内は歩行器を使えば歩行できるが自宅では使用できない。杖歩行は見守りが必要。屋外は急な坂道で1人では下りられない。
	屋外移動	自立 見守り **一部介助** 全介助	①③⑤	**改善** 維持 悪化	
食事	食事内容	**支障なし** 支障あり		改善 維持 悪化	
	食事摂取	**自立** 見守り 一部介助 全介助		改善 維持 悪化	
	調理	自立 見守り 一部介助 **全介助**		改善 **維持** 悪化	以前から長男の妻が行っている。
排泄	排尿・排便	支障なし **支障あり**	①③	**改善** 維持 悪化	夜間頻尿と切迫性失禁により間に合わないときがあるため、リハビリパンツを使用している。
	排泄動作	**自立** 見守り 一部介助 全介助		改善 維持 悪化	
口腔	口腔衛生	**支障なし** 支障あり		改善 維持 悪化	
	口腔ケア	**自立** 見守り 一部介助 全介助		改善 維持 悪化	
服薬		**自立** 見守り 一部介助 全介助		改善 維持 悪化	
入浴		自立 見守り **一部介助** 全介助	①⑥	**改善** 維持 悪化	浴室が外にあり段差があるため、移動時に介助が必要。浴槽が深く、跨ぎ動作ができない。
更衣		**自立** 見守り 一部介助 全介助		改善 維持 悪化	
掃除		自立 見守り **一部介助** 全介助	①	改善 **維持** 悪化	できる範囲（簡単な拭き掃除）で行っているが、掃除機はかけられない。
洗濯		自立 見守り 一部介助 **全介助**		改善 **維持** 悪化	以前から長男の妻が行っている。
整理・物品の管理		**自立** 見守り 一部介助 全介助		改善 維持 悪化	
金銭管理		**自立** 見守り 一部介助 全介助		改善 維持 悪化	
買物		自立 見守り **一部介助** 全介助	①③⑤	**改善** 維持 悪化	必要なときは次男が連れて行ってくれる。
コミュニケーション能力		**支障なし** 支障あり		改善 維持 悪化	
認知		**支障なし** 支障あり		改善 維持 悪化	
社会との関わり		支障なし **支障あり**	①②③④⑤	**改善** 維持 悪化	自宅から1人で出ることができず閉じこもりになってしまう。
褥瘡・皮膚の問題		**支障なし** 支障あり		改善 維持 悪化	
行動・心理症状（BPSD）		**支障なし** 支障あり		改善 維持 悪化	
介護力（家族関係含む）		支障なし **支障あり**	②	改善 **維持** 悪化	日中は畑仕事に出ており介護は望めない。長男の妻とは関係性がよくない。
居住環境		支障なし **支障あり**	⑤⑥	**改善** 維持 悪化	母屋と離れと浴室棟に建物が分かれており、土間の廊下でつながっている。敷地外は急な坂道である。
				改善 維持 悪化	

見通し ※5	生活全般の解決すべき課題（ニーズ）【案】	※6
専門職によるリハビリを行い、痛みの軽減と下肢の筋力を向上させ、適切な福祉用具の選定を行うことで、歩行の安定が図れる。屋外の坂の玄関アプローチに手すりを設置し、敷地外の坂道の上り下りのみ介助を行えば、集会所や畑に行けるようになる。	骨折後の痛みを緩和し、自分で歩けるようになりたい。	1
浴室に手すりの設置や段差解消のための台の設置を行い脱衣所への移動がしやすくなり、浴槽のそばにも手すりを設置し、浴槽台を使うことで浴槽の跨ぎ動作がしやすくなる。また健常足側からの出入りの練習を行うことで、自宅での入浴ができるようになる。	自宅の浴室で入浴できるようになりたい。	2
他者との交流がもてる場所を提供することで自宅内での閉じこもりを防ぐことができる。月に1回の集会所への送迎介助を行うことで、楽しみにしている老人会への参加ができる。	老人会に参加して友人たちとの会話を楽しみたい。	3

※1　本書式は総括表でありアセスメントツールではないため、必ず別に詳細な情報収集・分析を行うこと。なお「状況の事実」の各項目は課題分析標準項目に準拠しているが、必要に応じて追加して差し支えない。
※2　介護支援専門員が収集した客観的事実を記載する。選択肢に○印を記入。
※3　現在の状況が「自立」あるいは「支障なし」以外である場合に、そのような状況をもたらしている要因を、様式上部の「要因」欄から選択し、該当する番号（丸数字）を記入する（複数の番号を記入可）。
※4　今回の認定有効期間における状況の改善／維持／悪化の可能性について、介護支援専門員の判断として選択肢に○印を記入する。
※5　「要因」および「改善／維持の可能性」を踏まえ、要因を解決するための援助内容と、それが提供されることによって見込まれる事後の状況（目標）を記載する。
※6　本計画期間における優先順位を数字で記入。ただし、解決が必要だが本計画期間に取り上げることが困難な課題には「－」印を記入。

第１表

居宅サービス計画書（1）

作成年月日　○　年　○　月　○　日

初回・紹介・継続　　認定済・申請中

利用者名　C　殿　　生年月日　昭和○　年　○　月　○　日　　住所　○市○町

居宅サービス計画作成者氏名　○○　○○

居宅介護支援事業者・事業所名及び所在地　○○○○　○市○町

居宅サービス計画作成（変更）日　○　年　○　月　○　日　　初回居宅サービス計画作成日　○　年　○　月　○　日

認定日　○　年　○　月　○　日　　認定の有効期間　○　年　○　月　○　日　～　○　年　○　月　○　日

要介護状態区分	要介護1　・　要介護2　・　要介護3　・　要介護4　・　要介護5
利用者及び家族の生活に対する意向を踏まえた課題分析の結果	本人：骨折で歩きにくくなったけれど、歩けるようになって家に帰って老人会にまた参加したい。畑仕事もまだまだやりたいのにできない。 家族：家に帰ってもリハビリは続けてもらいたい。自分のことは自分でできるようになってほしい。家のお風呂は危険なのでどこかで入れてもらいたい。 骨折後の痛みと円背、腰の曲がりが要因となり歩行が不安定である。また住環境や敷地外の環境が外出の妨げになって、本人の意欲が低下している。リハビリの継続と住環境の整備や外出時の支援を行うことで本人の意向である老人会に参加できるようになる。また浴室の改修や入浴動作の練習を行うことで自宅での入浴も可能になり清潔保持ができる。
介護認定審査会の意見及びサービスの種類の指定	なし
総合的な援助の方針	回復した歩行機能をさらに維持向上させるために、専門職のリハビリを継続し、老人会への参加や外出の機会をつくるようにしていきます。また、自宅内での移動や自宅での入浴ができるように住環境の整備を行っていきます。さらには自分で入浴できるように入浴方法の習得をしていただけるように支援していきます。 緊急連絡先：主治医　○○中央病院　○○先生　○○○○-○○-○○○○ 長男　H　○○○○-○○-○○○○
生活援助中心型の算定理由	1．一人暮らし　2．家族等が障害、疾病等　3．その他（　）

第２表

居宅サービス計画書（2）

利用者名　　C　　殿

作成年月日　○　年　○　月　○　日

生活全般の解決すべき課題（ニーズ）	目標				援助内容					
	長期目標	（期間）	短期目標	（期間）	サービス内容	※1	サービス種別	※2	頻度	期間
骨折後の痛みを緩和し、自分で歩けるようになりたい。	自分で歩いて坂の下の集会所に行くことができるようになる。	○年○月○日～ ○年○月○日	痛みの緩和ができる。	○年○月○日～ ○年○月○日	骨折後の経過観察 服薬管理・調整相談等		医療機関	○○中央病院	月1回	○年○月○日～ ○年○月○日
					定期受診 毎日の服薬		本人	本人	毎日	○年○月○日～ ○年○月○日
					受診付き添い		家族	家族	月1回	○年○月○日～ ○年○月○日
			母屋の食堂まで杖歩行で行けるようになる。	○年○月○日～ ○年○月○日	専門職の指導による歩行訓練 ・体調確認 ・集団体操 ・個別機能訓練（リハマネ加算あり） ・マシーントレーニング 等	○	通所リハビリテーション	介護老人保健施設○○○	週２回	○年○月○日～ ○年○月○日
					ベッドからの起き上がりや立ち上がりをしやすくするために、置き型手すりを設置する。	○	福祉用具貸与	○○○	必要時	○年○月○日～ ○年○月○日
					歩行時のバランスを保ち転倒のリスクを減らすために歩行器をレンタルする。	○	福祉用具貸与	○○○	必要時	
					毎日平らな庭を歩行器を使って散歩し、脚力をつける。		セルフケア	本人	毎日	○年○月○日～ ○年○月○日
					転倒予防のため、離れから浴室や母屋の食堂の入り口までの廊下に手すりを設置する。	○	住宅改修	○○○	必要時	○年○月○日～ ○年○月○日

※１　「保険給付の対象となるかどうかの区分」について、保険給付対象内サービスについては○印を付す。
※２　「当該サービス提供を行う事業所」について記入する。

第2表

居宅サービス計画書（2）

利用者名　C　殿　　　　作成年月日　○　年　○　月　○　日

生活全般の解決すべき課題（ニーズ）	目標				援助内容					
	長期目標	（期間）	短期目標	（期間）	サービス内容	※1	サービス種別	※2	頻度	期間
自宅の浴室で入浴できるようになりたい。	自宅での入浴ができるようになる。	○年○月○日～ ○年○月○日	浴槽の跨ぎ動作ができるようになる。	○年○月○日～ ○年○月○日	入浴介助を行いながら、浴槽での入浴方法を指導する。 ・体調確認 ・浴室内の移動見守り ・浴槽移乗一部介助と指導 ・洗身洗髪の不十分な部分の一部介助 ・水分補給の促し 等	○	通所リハビリテーション	介護老人保健施設○○○	週2回	○年○月○日～ ○年○月○日
			自宅でシャワー浴ができる。	○年○月○日～ ○年○月○日	自宅でシャワー浴や洗い場での洗身洗髪をしやすくするための福祉用具の販売・購入。 ・シャワーチェア ・浴槽台	○	特定福祉用具販売	○○○	必要時	○年○月○日～ ○年○月○日
					浴槽での入浴をしやすくするための住宅改修を行う。 ・浴室内の段差解消 ・浴室内の手すり設置 ・浴槽の高さ解消のための浴槽の入れ替え	○	住宅改修	○○○	必要時	○年○月○日～ ○年○月○日
老人会に参加して友人たちとの会話を楽しみたい。	自分で老人会に行くことができる。	○年○月○日～ ○年○月○日	会話を楽しむことができる。	○年○月○日～ ○年○月○日	玄関から道路までの傾斜のあるアプローチに手すりを設置する。	○	住宅改修	○○○	必要時	○年○月○日～ ○年○月○日
					会話や趣味活動を再開するため、送迎付きのサービスを提供する。 ・他者との交流 ・レクレーションに参加	○	通所リハビリテーション	介護老人保健施設○○○	週2回	○年○月○日～ ○年○月○日
					坂の下の集会所への送迎・見守り介助。		家族	長男	月1回	○年○月○日～ ○年○月○日

※1 「保険給付の対象となるかどうかの区分」について、保険給付対象内サービスについては○印を付す。
※2 「当該サービス提供を行う事業所」について記入する。

第3表

週間サービス計画表

利用者名　C　殿　　　　作成年月日　○　年　○　月　○　日

		月	火	水	木	金	土	日	主な日常生活上の活動
深夜	0:00								
	2:00								
	4:00								
早朝	6:00								起床・着替え
午前	8:00		通所リハビリ（入浴）			通所リハビリ（入浴）			朝食
	10:00								庭の散歩
午後	12:00								昼食
	14:00								趣味（編み物）
	16:00								
夜間	18:00								
									夕食
	20:00								テレビ
深夜	22:00								就寝
	24:00								

週単位以外のサービス	【特定福祉用具販売】（浴槽台・シャワーチェア）【福祉用具貸与】（歩行器・手すり）【住宅改修】（浴室・廊下・屋外玄関アプローチ） 【定期受診】○○中央病院月1回

第5表

居宅介護支援経過

作成年月日　○　年　○　月　○　日

利用者名　C　殿

居宅サービス計画作成者氏名　○○　○○

年月日	項　目	内　容
○年○月○日	【相談】 ○○リハビリテーション病院より	大腿骨頸部骨折の女性。○○病院で手術を受け、○○リハビリテーション病院に転院してリハビリを受けておられたが、退院が決まり、要介護1の認定を受けているので支援を担当してほしいとのこと。
○年○月○日	【アセスメント】 ○○リハビリテーション病院にて初回面談（長男同席）	リハビリの時間に訪問し、歩行状態を見せていただく。ほぼ自立されているが、痛みが残っており、歩行器は使用可能。杖歩行は見守り。 入浴はデイで入れてほしいとの希望あり。 跨ぎ動作に不安あり。
○年○月○日	【ケアプラン】	居宅サービス計画書原案作成。
○年○月○日	【契約締結】	自宅訪問。長男と契約締結。 自宅の環境と動線を確認し、なるべく退院を早めて、24日か26日から利用開始できるようにする。 ○○リハビリテーション病院に、診療情報提供書及び看護サマリーをお願いする。
○年○月○日		本人○○リハビリテーション病院より退院
○年○月○日	【サービス担当者会議】	サービス担当者会議を実施。 居宅サービス計画書に同意取得。
○年○月○日	【モニタリング】	自宅訪問。本人・長男同席。 前日に初めてデイケアを利用され、デイとはこういうものだとわかったと言われる。入浴もリハビリもされたが、病院とはまったく違うので初めての経験ですと言われる。自宅でも入浴したいとのことでシャワーチェアと

年月日	項　目	内　容
		浴槽台を購入することになる。25日には家の下にある公民館での催しに参加したとのこと。家族送迎を行ったと長男から聞く。
○年○月○日	【モニタリング】	自宅訪問。本人・長男・長男妻　デイのPT・福祉用具相談員同席。 ○9月分実績・11月分利用表を交付し捺印いただく。 家の前の坂道を歩行器を使って下りているとのことで、家族が心配されている。本人は畑の近くに行けばおしゃべりができると言われる。 デイケアはまだ慣れておらず、ぼちぼち続けるとのこと。入浴を家で行うための、シャワーチェアと浴槽台を福祉用具相談員に選定してもらう。また浴槽からの出入りについてデイケアの担当PTに浴室及び浴槽を確認してもらう。また実際に家の前の坂道を一緒に歩いていただき、今後のリハビリに役立てていただくようお願いする。
○年○月○日	【モニタリング】	モニタリングを実施。 自宅での生活に戻って1か月が経過したが、自宅前の公民館での老人会にも参加されている。歩行器を使って移動されているが、家の前の坂道はまだ1人では転倒のリスクが高い。入浴は家でも行えるようにシャワーチェアと浴槽台を購入したが、デイケアのみで入浴されている。当分はデイケアを継続し筋力アップを図っていく。
○年○月○日	【モニタリング】	デイケアにも慣れてこられ、週2回のリハビリや他者との交流もしておられる。このままサービスを継続し、機能回復に努める。
○年○月○日	【モニタリング】	自宅訪問。本人のみ。 ○11月分実績・1月分利用表を交付し捺印いただく。 座っていると大丈夫だが、立って歩くと左足の付け根が痛くなる。デイケアでリハビリをしてもらうと楽になる。家で入浴しているが、浴槽台を使うと今は寒いのでデイで入りたい。つかまるところはたくさんあるので安全に

第5表

居宅介護支援経過

作成年月日　○　年　○　月　○　日

利用者名　C　殿

居宅サービス計画作成者氏名　○○　○○

年月日	項　目	内　容
		は入れている。デイケアで編み物をしようともっていったら、皆さん興味をもたれた様子。百人一首も誘ってもらっている。 老人会にも月に1回は行っている。このまま継続したい。
○年○月○日	【モニタリング】	腰が曲がっているため、坂道などでの移動は転倒のリスクがまだ高い。特に家の前の坂道は急なため、歩行器を使っているのが危険である。歩行中は術後の部位が痛むこともあり、デイケアでのリハビリを継続して筋力向上を図っていく。
○年○月○日	【モニタリング】	自宅訪問。本人・長男同席。 ○12月分実績・2月分利用表を交付し捺印いただく。 身体を動かさずにじっとしていると、リハビリでほぐされた筋肉が固まって可動域がせばまってしまうので動きづらくなる。 しかし居室内は杖も使わずに自立歩行できている。自宅での入浴はつかる程度しか行っていない。デイケアで当分は入浴させてもらうとのこと。現在、火木の利用だが、入浴の間隔をあけるために火金に変更する。2月から開始。
○年○月○日	【モニタリング】	身体を動かさないと腰のだるさや痛みが出てくるとのことでデイケアでの運動は継続していただく。寒いなか自宅での入浴は難しいのでデイケアでの入浴は継続していただく。
○年○月○日	【モニタリング】	自宅訪問。本人・長男同席。 ○1月分実績・3月分利用表を交付し捺印いただく。 体調はとてもよく、血圧も安定したため降圧剤を飲まなくてもよくなったとのこと。骨折の後遺症はまだあり、歩きすぎると左足の付け根が痛いとまではいかないが違和感があるとのこと。最近のリハビリでは足よりも腰に重点を置かれているとのこと。曜日が変更になってどうかと聞くと、まだ慣れていないがこんなものかと思っているとのこと。火曜日は百人一首に誘っ

年月日	項　目	内　容
		てもらっている。家では編み物をしたり干し柿を作ったりと自分にできることをされている。
○年○月○日	【モニタリング】	週2回のデイケアは休むことなく継続されている。歩行訓練を行っているが、左足の痛みはまだ残っており個別リハビリでストレッチなどを行っていく。
○年○月○日	【モニタリング】 ○○デイケア	コロナウイルスの感染拡大予防のため、デイケアにてモニタリングを行う。 左足骨折後の後遺症の痛みはほとんどなくなった。むしろ前傾姿勢による腰痛がある。姿勢を正そうとしても、腰椎の変形があり曲がったままである。 屈伸運動などは行えており脚力は戻ってきている。 サービスはこのまま継続する。
○年○月○日	【モニタリング】	左大腿骨頸部骨折の後遺症は感じられず、腰痛が悪化している。移動能力の低下は見られないが、坂道など腰に負担がかかる。筋力アップや姿勢の改善などを視野にデイケアを継続していただく。

OCMAシートを利用して

基本情報では、生活歴・介護者に関する情報を記入することで、今後協力をお願いできるかどうか、判断材料にすることができる。

コンパクトアセスメントシートでは社会との関わりのなかで、参加意欲がとてもあることが把握でき、できないことへの喪失感も理解できた。老人会、畑仕事といったこれまでの生活の大半を占めてきたことへの復帰願望が強いことがわかり、目標設定の方向性が明確になった。

周辺症状の現状とその背景では、本人の意思決定能力はあるが、1人で決められない家族関係があると理解できた。本人の要望はこれからの生きがいであり、家族の理解と協力が必要である。家族の要望は自立支援であり、介護負担を増やさないでほしいという気持ちがある。

相談受付表では、相談内容や相談に至った経過を記入することによって、困っていることの概要を読み取ることができた。また、日頃の生活状況や、住環境なども記載することで、環境因子に問題が大きいことがわかった。

OCMAシートの一番の利点はまとめシートを記入することで、今後の支援の方向性が見えてくることだった。まとめシートで考える視点を記入することで、可能性やリスクが明らかになり、解決すべき条件を明確にすることで、今後の支援を提案しやすくなった。

本事例では、大腿骨頸部骨折が招いた、参加活動制限や住環境が及ぼす影響がはっきり浮き彫りになった。痛みの軽減や歩行能力の向上や維持のためのリハビリ、福祉用具の提案を行っていくうえでの目標設定も導き出すことができ、本人に示すことで意欲向上につながった。可能性やリスクを明確化できたことで、自立支援に向けての家族の協力を得られるようになる。

2023年に課題分析標準項目の改定が示され、より細かいアセスメントが求められるようになったが、社会との関わりや家族等の状況、居住環境などを細かくアセスメントすることは、自立支援の観点からもとても重要であると感じた。

Dさんの事例

心臓疾患の悪化や軽度の認知症で閉じこもり気味の生活。
寝たきりを心配する別居の子どもたちの意向も受けて、本人の好きなカラオケやちぎり絵ができる場を設け、生活意欲を向上させて家事能力の回復も目指す事例。

事例概要

Dさんは83歳の女性。昨年夫を亡くし、集合住宅平屋に1人暮らし。手押し車で近くのスーパーへ買い物に行ったり、カラオケ喫茶に友人知人と行っていたが、昨年末より心臓疾患の悪化が見られ、今年初めに意識喪失、貧血症状もあり3か月間の入院となった。入院中に長男が介護申請を行い、要介護1の認定を受けた。

入院中は「自宅に戻れば、自分のことは自分でできるから介護保険は使わなくてもいい」と介護サービスの利用に否定的であった。退院後、動作時の呼吸困難はあるものの病状は安定し、長男、長女ともに「このまま閉じこもりの生活では病状が悪化して、寝たきりになるのではないか」と不安を訴えた。

長男、長女ともに、本人の好きなカラオケやちぎり絵を楽しむことができる場に参加してほしいとの意向がある。本人も軽度の認知症の症状があり、調理の手順を忘れたり、短期記憶障害も見られることを自覚しているため、「閉じこもっていると、だんだん体も弱くなって、物忘れもひどくなることが心配」と訴え、本人が生き生きと楽しめるカラオケと手先を利用する製作活動が行える場に参加して、体力の回復と新たな楽しみの発見ができることで、生活意欲が向上していくことに期待し、同時に体調の回復と維持を図った。

基本情報

支援事業所	○○○○	事業所番号	○○○○○○○○○○	介護支援専門員	○○　○○
所在地	○市○町	TEL	00-0000-0000	FAX	00-0000-0000

受付日時	○ 年 ○ 月 ○ 日 ○ 時	受付対応者	○○　○○	受付方法	来所・TEL・訪問・その他
訪問日	○年○月○日	課題分析場所	☑ 自宅　□ 施設（　　　）	理由	☑初回　□定期　□退院

フリガナ		生年月日	M T S H ○ 年 ○ 月 ○ 日　□男性 ☑女性
氏　名	D	被保険者番号	○○○○-○○○-○○○
現住所	〒　　－ ○市○町	保険者番号	△△△△△△△
電話番号	00-0000-0000	福祉サービス利用援助事業	□ 成年後見 □ 日常生活

家族構成

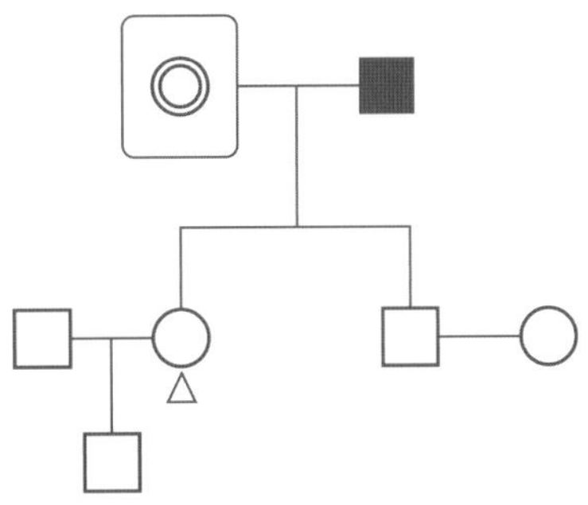

□男　○女　◎本人　●死亡　△キーパーソン

家族等連絡先	家族名	年齢	続柄	同・別居	電話番号	緊急連絡順
	J		長男	別居	000-0000-0000	2
	K		長女	同居	000-0000-0000	1

介護者に関する情報					
主たる介護者	長女	意思	有・無	負担感	有・無
長男　他県在住。妻と2人暮らし、定年後も仕事をしており年数回訪問あり。 長女　隣市在住。仕事をしていたが、介護のため休業中、夫と息子と3人暮らし。					

生活歴	趣味・特技など
同市の出身。結婚するまで会社の事務員として働いていたが21歳で会社勤務の夫の元に嫁ぎ専業主婦をしていた。子どもたちが結婚してからは、趣味でちぎり絵や編み物、カラオケなどを楽しんでいた。昨年、夫が死去し、自身も膝などに痛みが生じていたが、1人暮らしを続けていた。	カラオケ・ちぎり絵・編み物・料理

要介護度	認定日	有効期間		
要介護1	○ 年 ○ 月 ○ 日	○ 年 ○ 月 ○ 日 ～ ○ 年 ○ 月 ○ 日		
支給限度額	交付年月日	障がい自立度	認知症自立度	審査会の意見
16,692	○ 年 ○ 月 ○ 日			

	医療機関名		診療科目		主治医		回数	
①	Eクリニック		内科		E Dr.		1 回 ／ 週・月	
所在地	○市○町		TEL	00-0000-0000		FAX	00-0000-0000	
②							回 ／ 週・月	
所在地			TEL			FAX		

健康状態		病　名	症状・痛み・経過・その他
既往症	①	うっ血性心不全・慢性心房細動	うっ血性心不全・慢性心房細動により労作時呼吸困難。全身浮腫を認め、抗凝固薬による貧血発症。
	②	高血圧	
主傷病	①	腰椎変形性脊椎症・両側変形性股関節症	腰・両股関節・膝関節痛が強く変形している。両股関節は手術拒否で保存的治療。
	②	両側変形性膝関節症	
	③	骨粗鬆症	

主治医の意見より	労作時呼吸困難により移動等に困難がみられ、塩分・水分の摂取量に注意すること。

健康保険		□ 本人　□ 家族		医療費負担割合	割
公費負担		生保 □	担当CW	負担限度額認定	段階
障害者手帳	□ 有　□ 無			経済状況	

コンパクトアセスメント

記入年月日　○　年　○　月　○　日

区分	項目	ADLと現在の状況	能力や可能性／精神心理状態など	チェック欄
ADLおよびIADL	寝返り	☑ 自立　□ 一部介助　□ 全介助		
	起き上がり	□ 自立　☑ 一部介助　□ 全介助 手や肘をついて起き上がる。	何かつかまるものや福祉用具の活用により、労作時呼吸困難がでても起き上がりが楽になる。	✓
	座位	☑ 自立　□ 一部介助　□ 全介助 食事の時間くらいは普通に座っていられる。		
	立位	□ 自立　☑ 一部介助　□ 全介助 立ち上がり時は見守りが必要だが、自身で支持物につかまると行える。	移動しやすい環境づくりをすることにより転倒防止が図れる。	✓
	移乗	☑ 自立　□ 一部介助　□ 全介助		
	歩行	□ 自立　☑ 一部介助　□ 全介助 杖を使用してゆっくりと歩行できる。すり足歩行である。	内服をし浮腫の軽減を図ることにより歩行が楽になる。	✓
	着衣	□ 自立　☑ 一部介助　□ 全介助 下衣は足通しの介助が必要。下衣の引き上げや上着の更衣動作は自身でできるが、着替えの促しが必要である。	促さないと入浴時ですら着替えない。汚れていても「まだ着れる」と言うため長女が着替えを渡して説得している。	✓
	入浴	□ 自立　☑ 一部介助　□ 全介助 手の届く部分は自身で行い、背中や足元は次女が洗っている。	入院前は1人で毎日入浴していたが退院後は拒否することが増えた。長女がしつこく促しても週2回くらいが精一杯である。	✓
	排泄後始末	□ 自立　☑ 一部介助　□ 全介助 左股関節が悪いので、うまく便座に座れない。そのためいつも便座に尿がついており長女が拭き掃除を行っている。動作は自立。 失禁　□ 有　☑ 無　回数　尿　5 回／日　便　1 回／　日　コントロール方法	トイレにつかまるところがあり、便座に座る方法の訓練や見守りを行うことで、スムーズに動作ができるようになる。	✓
	食事摂取	□ 自立　☑ 一部介助　□ 全介助 摂取は自身で行えるが、よくむせがみられる。 栄養状態　□ 良　☑ 不良　食事回数　3 回　水分摂取量　□ 良　☑ 不良　1000 cc／日	誰かの見守りや食事の形態等の工夫で、誤嚥の防止ができる。	✓
	口腔ケア衛生	☑ 自立　□ 一部介助　□ 全介助 口腔内の状態　□ 良　□ 不良　義歯　□ 有　□ 無　□ 全　□ 部分　□ 上　□ 下		
	調理	□ 自立　☑ 一部介助　□ 全介助 炊飯は自身で行える。献立は長女が決めて材料を出して促せば野菜を切ったりゆでることはできる。	献立も長女と一緒に考え調理することで、好きな食事をすることができる。	✓
	買物	□ 自立　□ 一部介助　☑ 全介助 長女が行っている。		
	環境整備掃除	□ 自立　☑ 一部介助　□ 全介助		
	金銭管理	□ 自立　□ 一部介助　☑ 全介助 長女が管理している。本人は財布も所持していない。		
	服薬状況	□ 自立　☑ 一部介助　□ 全介助 薬の仕分けは一緒に行い、その都度手渡ししている。服薬行為は行える。	長女やサービス活用時に確認してもらうことで、飲み忘れがなくなる。	✓
褥瘡の程度皮膚の清潔状況		問題なし		
特別な状況虐待・ターミナル		問題なし		
社会とのかかわり	参加意欲	歩行能力の低下で意欲も低下している。		
	変化	閉じこもりは良くないと思っている。		
	喪失感孤独感等	閉じこもり気味である。		
コミュニケーション		視力　☑ 良好　□ 不良　聴力　□ 良好　□ 不良 意思の伝達　☑ 良好　□ 不良　電話　□ 良好　□ 不良		
服薬内容		朝食後：カルベジロール錠2.5mg、アゾセミド錠30mg、カンデサルタン錠４mg、ドネペジル塩酸塩OD5mg、ネキシウムカプセル20mg、リクシアナ30mg、メコバラミン錠500、メマリーOD5mg各１T		

周辺症状の現状とその背景

記入年月日　○ 年 ○ 月 ○ 日

	周辺症状	現症状	背景・要因・気づいたことなど	チェック欄
ア	被害を訴える	☑ ない　☐ 時々ある　☐ ある		
イ	状況に合わない話をする	☑ ない　☐ 時々ある　☐ ある		
ウ	ない物が見える・聞こえる	☑ ない　☐ 時々ある　☐ ある		
エ	気持ちが不安定	☑ ない　☐ 時々ある　☐ ある 不安定ではないが、意欲の低下や今後の生活に対して意欲がもてない発言がある。以前まで好きだった音楽を聴いても興味を示さなくなり、移動に対する意欲が著しく減退している。	体力の回復に合わせて、意欲が向上する可能性はあり、閉じこもりに対しても自身で「よくないな」との意見をもつ。	✓
オ	夜眠らない	☑ ない　☐ 時々ある　☐ ある 用事がないときはいつも8時前まで寝ており、食事の時間がずれていくため夕飯が21時頃になる。夜間は良眠されている。		
カ	荒々しい言い方や振る舞いをする	☑ ない　☐ 時々ある　☐ ある		
キ	何度も同じ話をする	☐ ない　☐ 時々ある　☑ ある 同じ話を何度もしたり、聞いたりするが、長女は責めることなく受け入れて聞いたり、説明している。	主介護の長女も穏やかな人柄で、本人を責めることはなく、説明をすると納得している。	✓
ク	周囲に不快な音をたてる	☑ ない　☐ 時々ある　☐ ある		
ケ	声かけや介護を拒む	☑ ない　☐ 時々ある　☐ ある		
コ	大きな声をだす	☑ ない　☐ 時々ある　☐ ある		
サ	落ち着きがない	☑ ない　☐ 時々ある　☐ ある		
シ	歩き続ける	☑ ない　☐ 時々ある　☐ ある		
ス	家に帰るなどの言動を繰り返す	☑ ない　☐ 時々ある　☐ ある		
セ	一人で危険だが外へ出ようとする	☑ ない　☐ 時々ある　☐ ある		
ソ	外出すると一人で戻れない	☑ ない　☐ 時々ある　☐ ある		
タ	いろいろなものを集める	☑ ない　☐ 時々ある　☐ ある		
チ	火を安全に使えない	☑ ない　☐ 時々ある　☐ ある		
ツ	物や衣類を傷めてしまう	☑ ない　☐ 時々ある　☐ ある		
テ	排泄物をわからず触ってしまう	☑ ない　☐ 時々ある　☐ ある		
ト	食べられないものを口に入れる	☑ ない　☐ 時々ある　☐ ある		
日常の意思決定認知能力		日常的に困難。	意欲減退が著しく何に対しても意欲を失っている。	✓
本人・家族の主訴・要望		本人：寝たきりにならないか心配。少しでも体を動かしたいけど、1人では不安。 長女：仕事に復帰したいので入浴介助などのサービスを利用したい。		
事業所へのお願い（配慮）		本人の体調に気をつけながら、参加しやすいように声掛けしてください。		

相談受付表

受付日時	○　年 ○ 月 ○ 日	受付方法	☑ 来所　□ 電話　□ その他	受付対応者	○○　○○

相談経路	長女より
相談内容	3か月程心疾患で入院していた。その際に介護保険の申請を行い、要介護1の認定となっている。退院後は自宅での生活に戻ったが、労作時呼吸困難もあり、できないことが増えている。在宅生活をこのまま続けていくのに不安があり、介護保険のサービスを利用したいので相談にのって欲しい。
相談に至った経過	本人は独居生活で、軽度の認知症の症状が出現していたが長女の支援により在宅生活を続けてきた。3か月程前心疾患で入院し、その際、要介護認定も受けている。退院し、自宅での生活に戻ったが、呼吸困難もあり、買い物や調理等できないことが増えており、本人も閉じこもり気味になって意欲がなくなってきている。このまま自宅での生活を続けていくのには不安があり、介護保険サービスを利用したい希望があった。

一日の過ごし方

4
6
8
起床
朝食
10
12
昼食
14
TV視聴
16
夕食下ごしらえ（長女と）
18
夕食
入浴
20
就寝
22
24
2
4

現在の生活の状況

起床時間が遅く、8時頃まで寝ており、食事時間がずれていくため夕食が遅くなることもあるが、長女が訪問してくれるときは、早い時間に一緒に食べている。
日中は長女が来訪し、見守り、支援を行っている。

長女とともに夕飯の調理を行っている。

住宅見取り図　（危険個所は▲）

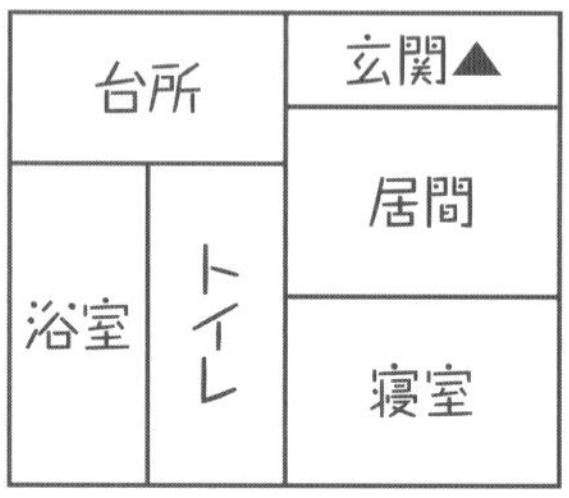

住宅改修の必要性　（ ㊒ ・ 無 ）
必要個所と内容

現在利用しているサービスの状況

事業種別	頻度／月	開始日	事業所名	担当者名	電話番号 FAX	
通所介護	週2 回		G 通所介護事業所	○○　○○	電話番号	○○-○○○○-○○○○
					FAX	○○-○○○○-○○○○
通所介護	週1 回		F 通所介護事業所	○○　○○	電話番号	○○-○○○○-○○○○
					FAX	○○-○○○○-○○○○
訪問看護	1 回		R 訪問看護事業所	○○　○○	電話番号	○○-○○○○-○○○○
					FAX	○○-○○○○-○○○○
訪問介護	1 回		H 訪問介護事業所	○○　○○	電話番号	○○-○○○○-○○○○
					FAX	○○-○○○○-○○○○
	回				電話番号	
					FAX	
	回				電話番号	
					FAX	
	回				電話番号	
					FAX	
	回				電話番号	
					FAX	
	回				電話番号	
					FAX	
	回				電話番号	
					FAX	

まとめシート

記入年月日　○年　○月　○日

現状	考える視点（原因・可能性・リスク）	解決すべき条件
移動 以前まで好きだった音楽を聴いても興味を示さなくなり、移動に対する意欲が著しく減退している。手や肘をついて起き上がる。立ち上がり時は見守りはあるが、自身で支持物をもって行える。杖を使用してゆっくりと歩行できる。すり足歩行である。	原因：うっ血性心不全・慢性心房細動による労作時呼吸困難。全身浮腫を認め、抗凝固薬による貧血発症。貧血、不整脈、心臓弁膜症のため塩分、水分制限が必要であることが考えられる。 可能性：意欲を取り戻すことができれば、自身で行えることも大幅に増える。 リスク：見守り、介助が無ければ日常生活が困難になり、閉じこもりになる可能性がある。	外出の機会の確保や他者との交流やレクリエーションへ参加することで意欲を高める。室内の移動環境を整える。 ニーズ 好きなカラオケにまたいけるようになりたい。
健康 水分・塩分制限があるが、勝手にお茶をいれ頻回に飲んでいる。注意しても、すぐに忘れ繰り返している。服薬も手渡しで行っている。労作時呼吸困難、貧血も進行している。	原因：認知症、両側変形性股関節症、両側変形性膝関節症、うっ血性心不全、慢性心房細動のため。 可能性：下肢筋力が向上すれば歩行の安定が図れるかもしれないが、貧血、心不全等があるため慎重に行う必要がある。 リスク：　薬の飲み忘れや摂取制限を守れず病状の悪化を招く恐れがある。	家族の協力のもと服薬確認、摂取制限の見守り等を行い、服薬や水分摂取の意識付けを継続し、体調の自己管理ができるように促す。 本人ができる掃除や買い物等日常生活でできる環境を整える。 ニーズ 病気の悪化を防止したい。
排泄 特に左股関節が悪いので、うまく便座に座れない。そのためいつも便座に尿がついており、長女が拭き掃除を行っている。下肢にも浮腫があり1人での着替えができない。汚れていても「まだ着られる」と言うため長女が着替えを渡して説得している。	原因：両側変形性股関節症、両側変形性膝関節症、うっ血性心不全、慢性心房細動のため。 可能性：トイレにつかまるところがあり、便座に座る方法の訓練や見守りを行うことでスムーズな動作を行えるようになる。 リスク:便座に座る練習や環境の整備をしなければ、不潔な環境になりやすく、感染症に感染する可能性がある。また尿の拭き掃除等が介護者の負担となる。	トイレに手すりを設置する。 トイレの座面への座り方の訓練を行う。　着替えやすい衣類の工夫をする。 ニーズ トイレを汚さず排泄したい。
入浴 入浴も消極的になっている。入浴の行為は自身でできることも多いが拒否傾向にあり、長女が促し、説得しても週2回入るのが精一杯になっている。着替えを促しても、着替えるのに時間がかかる。	原因：両側変形性股関節症、両側変形性膝関節症、うっ血性心不全、慢性心房細動による易疲労性のため。 可能性：誰かの介助により、または環境を整えることや着替えやすい衣類等で入浴動作を安全にできるようにすることで、入浴に自信をもち気持ちよく入浴できるようになる。 リスク:拒否により入浴の回数が減ることで、皮膚状態の悪化や褥瘡の発生の恐れになる。	住宅改修による手すりの設置や、シャワーチェアの活用など、浴室の環境の整備を行う。 長女の介助により着替え等がスムーズに行えるようにする。入浴により爽快感が生まれ皮膚の清潔が保たれるようにする。更衣しやすい衣類を選択する 。 ニーズ 気持ちよく入浴して清潔にしたい。
家事 炊飯は自身で行える。献立は長女が決めて材料を出して促せば野菜を切ったりゆでることはできる。長女とともに夕飯の調理を行っている。掃除・洗濯も長女が行っている。	原因：両側変形性股関節症、両側変形性膝関節症、うっ血性心不全、慢性心房細動による易疲労性のため。 可能性：長女と一緒に献立を考え、調理の機会を増やすことや掃除・洗濯を長女など誰かと一緒に行うことで本人の疲労感も軽減できる、また認知能力の低下を防ぐことができる。 リスク:家事等を長女に任せてしまうことで遂行能力の低下となる。	本人が献立を考え、調理・掃除・洗濯等の家事を長女と役割を決めて実施する。疲労感が強い場合は長女等にしてもらう。 ニーズ 少しでも家事ができるようになりたい。

課題整理総括表

利用者名　D　殿

作成日　○／○／○

自立した日常生活の阻害要因（心身の状態、環境等）			
	①労作時呼吸困難による病状の変化がある	②腰・両股関節・膝関節痛、変形による歩行能力の低下	③同じ話を何度も行い記憶力・理解力低下がある
	④入浴の拒否がある	⑤浮腫があり水分・塩分制限がある	⑥薬の管理ができない

利用者及び家族の生活に対する意向	
	本人：このまま自宅に閉じこもっているのもよくないので、好きなカラオケや手芸などが行えるところにも行き、もっと身体を動かすようにしたい。 長女：少し体調も回復したのか意欲的な発言も出ているので、いろいろ取り組みの違うデイを利用することで、他の人との交流や気持ちの活性化につながってほしい。

（○印のついた選択肢を**太字**で示す）

状況の事実 ※1		現在 ※2	要因 ※3	改善/維持の可能性 ※4	備考（状況・支援内容等）
移動	室内移動	**自立**　見守り　一部介助　全介助		改善　維持　悪化	両側変形性股関節症、両側変形性膝関節症のため、室内、屋外ともに杖歩行でゆっくり歩いている。すり足歩行のため転倒に注意が必要である。
	屋外移動	自立　**見守り**　一部介助　全介助	①②	**改善**　維持　悪化	
食事	食事内容	支障なし　**支障あり**		改善　維持　悪化	炊飯は自身にてできている。長女が来訪時は野菜を切ったりゆでたり等を行い長女とともに調理している。食事時むせ込みがみられることがある。水分、塩分制限があり、献立に注意が必要である。
	食事摂取	自立　**見守り**　一部介助　全介助		**改善**　維持　悪化	
	調理	自立　見守り　**一部介助**　全介助	①②③	**改善**　維持　悪化	
排泄	排尿・排便	**支障なし**　支障あり		改善　維持　悪化	左股関節が悪いのでうまく便座に座れない。そのためいつも便座に尿がついており長女が拭き掃除を行っている。
	排泄動作	自立　見守り　**一部介助**　全介助	②	**改善**　維持　悪化	
口腔	口腔衛生	**支障なし**　支障あり		改善　維持　悪化	
	口腔ケア	**自立**　見守り　一部介助　全介助		改善　維持　悪化	
服薬		自立　見守り　**一部介助**　全介助	③⑥	**改善**　維持　悪化	仕分けは一緒に行い、その都度手渡し行っている。
入浴		自立　見守り　**一部介助**　全介助	①②③④	**改善**　維持　悪化	背中や足元は長女が洗っている。入浴を促しても拒否することが多くなっている。
更衣		自立　見守り　**一部介助**　全介助	②	**改善**　維持　悪化	更衣は促さないと入浴時ですら着替えない。下衣の足通しの介助が必要。
掃除		自立　見守り　**一部介助**　全介助	①②	**改善**　維持　悪化	
洗濯		自立　見守り　一部介助　**全介助**	①②③	**改善**　維持　悪化	労作時呼吸困難、立位に支持物が必要なため床掃除や洗濯干し等は困難であり、介助が必要である。身の回りの整理等は行える。
整理・物品の管理		自立　見守り　**一部介助**　全介助	②③	**改善**　維持　悪化	
金銭管理		自立　見守り　一部介助　**全介助**	③	改善　維持　悪化	金銭は長女が管理しており、本人は財布も所持していない。買い物も歩行に支障があるため、長女が行っている。
買物		自立　見守り　一部介助　**全介助**	①②③	**改善**　維持　悪化	
コミュニケーション能力		**支障なし**　支障あり		改善　維持　悪化	何度も同じ話を繰り返されるが傾聴することで穏やかに過ごされている。
認知		支障なし　**支障あり**	③	**改善**　維持　悪化	
社会との関わり		支障なし　**支障あり**	③④	**改善**　維持　悪化	体調の悪化等今後の不安に対して意欲がもてない発言がみられる。
褥瘡・皮膚の問題		**支障なし**　支障あり		改善　維持　悪化	歩行能力の低下、意欲低下があり、閉じこもり気味であるが、自身でも閉じこもりはよくないと思っている。
行動・心理症状（BPSD）		支障なし　**支障あり**	③④	**改善**　維持　悪化	長男家族は他県に在住しており、子どもも小さいため介護協力は困難である。長女が毎日来訪し支援しているが、仕事に復帰したいとの希望がある。
介護力（家族関係含む）		支障なし　**支障あり**		**改善**　維持　悪化	
居住環境		支障なし　**支障あり**	②	改善　**維持**　悪化	大きな段差は玄関の上がり框のみで上がり框に腰かけてから上がるため現状問題は起きていない。
				改善　維持　悪化	

見通し ※5	生活全般の解決すべき課題（ニーズ）【案】	※6
①②③ 腰痛や両膝の痛みを減らし動けるようになることで、移動や外出の機会が増えて好きなカラオケや好きなものをつくれるようになり、閉じこもりを防ぐことができる。	体調を整えて趣味（好きなカラオケ）を再開したい。	1
①③⑤⑥ 薬をきちんと飲んで体調を整えることで、掃除や調理の食材を買いに行くことができ、好きなものが食べられ意欲がでてくる。	日常の家事ができるようになりたい。	2
①②③④⑤ 移動をゆっくり行い、息切れを最小限ににしたり、塩分の取りすぎに注意することで浮腫を防ぎ、体調を整えて身体的に負担がかからない入浴方法を取り入れることで入浴機会が増える可能性がある。	気持ちよく入浴して清潔にしたい。	3

※1　本書式は総括表でありアセスメントツールではないため、必ず別に詳細な情報収集・分析を行うこと。なお「状況の事実」の各項目は課題分析標準項目に準拠しているが、必要に応じて追加して差し支えない。
※2　介護支援専門員が収集した客観的事実を記載する。選択肢に○印を記入。
※3　現在の状況が「自立」あるいは「支障なし」以外である場合に、そのような状況をもたらしている要因を、様式上部の「要因」欄から選択し、該当する番号（丸数字）を記入する（複数の番号を記入可）。
※4　今回の認定有効期間における状況の改善/維持/悪化の可能性について、介護支援専門員の判断として選択肢に○印を記入する。
※5　「要因」および「改善/維持の可能性」を踏まえ、要因を解決するための援助内容と、それが提供されることによって見込まれる事後の状況（目標）を記載する。
※6　本計画期間における優先順位を数字で記入。ただし、解決が必要だが本計画期間に取り上げることが困難な課題には「－」印を記入。

第1表

居宅サービス計画書（1）

作成年月日　○　年　○　月　○　日

（初回）・紹介・継続　　（認定済）・申請中

利用者名　D　殿　　生年月日　昭和○　年　○　月　○　日　　住所　○市○町

居宅サービス計画作成者氏名　○○　○○

居宅介護支援事業者・事業所名及び所在地　○○○○　○市○町

居宅サービス計画作成（変更）日　○　年　○　月　○　日　　初回居宅サービス計画作成日　○　年　○　月　○　日

認定日　○　年　○　月　○　日　　認定の有効期間　○　年　○　月　○　日　～　○　年　○　月　○　日

要介護状態区分	（要介護1）・要介護2・要介護3・要介護4・要介護5
利用者及び家族の生活に対する意向を踏まえた課題分析の結果	本人：このまま自宅に閉じこもっているのもよくないので、好きなカラオケや手芸などが行えるところにも行き身体を動かすようにしたいです。 家族（長女）：少し体調も回復したのか、意欲的な発言もでているので、いろいろ取り組みの違うデイを利用することで、他の人との交流や気持ちの活性化につながってほしい。 病気による労作時の呼吸困難や浮腫の軽減のため受診や内服をしっかり行い、塩分の取りすぎに注意することで病状の悪化を防止することができ、歩行が安定することで外出の機会も増え社会との交流につなげることができる。
介護認定審査会の意見及びサービスの種類の指定	なし
総合的な援助の方針	自宅での生活に前向きな気持ちになっているので、少しでも家事ができるなど体調がよくなってきたら外出の機会をつくり、多くの方との交流やレクリエーションなどに参加して、活動的に過ごせるように支援していきます。一人暮らしですがご家族の協力のもと元気に過ごせるよう支援していきます。 緊急連絡先：長女　○○○-○○○○-○○○○　　長男　○○○-○○○○-○○○○ 主治医　Eクリニック　　EDr.　○○○○-○○-○○○○
生活援助中心型の算定理由	1. 一人暮らし　　2. 家族等が障害、疾病等　　3. その他（　　）

第２表

居宅サービス計画書（2）

利用者名　　　　D　　　　殿

作成年月日　○　年　○　月　○　日

生活全般の解決すべき課題（ニーズ）	目標				援助内容					
	長期目標	（期間）	短期目標	（期間）	サービス内容	※1	サービス種別	※2	頻度	期間
体調を整えて趣味を再開したい。	体調の管理ができカラオケを通して社会交流の機会がもてる。	○年○月○日～ ○年○月○日	①服薬、水分、塩分制限を守ることができる。	○年○月○日～ ○年○月○日	• 定期的に受診する。 • 必要時、訪問診療をしてもらう。 • 通院介助・付き添いを行う。 • 服薬確認、水分、塩分制限の見守りを行う。		本人・主治医 本人・居宅療養管理指導 家族支援 家族支援	Eクリニック 家族 家族	適宜 必要時 随時	○年○月○日～ ○年○月○日
		○年○月○日～ ○年○月○日	②好きな音楽やカラオケで歌うことができる。	○年○月○日～ ○年○月○日	• 血圧の測定 • カラオケで好きな歌を歌ったり好きな音楽を聴くなどレクリエーションへの参加で体力をつける	○ ○	訪問看護 本人 通所介護	R訪問看護ステーション Gデイサービス Fデイサービス	週1回 週2回 週1回	○年○月○日～ ○年○月○日
日常の家事ができるようになりたい。	簡単な家事ができる。	○年○月○日～ ○年○月○日	③家事ができるように体力をつける。	○年○月○日～ ○年○月○日	• 移動の機能訓練を行う。 トイレ、風呂、床掃除は体調をみて、できる所を行う。 またできない部分の掃除は手伝ってもらう。 洗濯は一緒に行う。 一緒に献立を決めたり、簡単な調理を行う。	○ ○ ○	通所介護 本人 訪問介護 長女 本人 長女 本人 長女 訪問介護	Gデイサービス Fデイサービス Hヘルパーステーション 本人 家族 Hヘルパーステーション	週2回 週1回 週1回 週1回 随時 適宜 週1回	○年○月○日～ ○年○月○日
気持ちよく入浴して清潔にしたい。	入浴を楽しむことができる。	○年○月○日～ ○年○月○日	④定期的な入浴機会が確保できる。	○年○月○日～ ○年○月○日	• 浴室の中に手すりの設置 • 浴室へのまたぎ動作の介助 • 更衣の見守り • 送迎の介助	○ ○	住宅改修 長女・本人 通所介護 長女	J事業所 Fデイサービス	週2回 週1回	○年○月○日～ ○年○月○日

※1 「保険給付の対象となるかどうかの区分」について、保険給付対象内サービスについては○印を付す。
※2 「当該サービス提供を行う事業所」について記入する。

第3表

週間サービス計画表

利用者名　D　殿　　　　　　作成年月日　○　年　○　月　○　日

		月	火	水	木	金	土	日	主な日常生活上の活動
深夜	0:00								
	2:00								
	4:00								
早朝	6:00								
午前	8:00								起床
									朝食（内服）
	10:00				H 訪問介護 掃除		長女	長女	
			R 訪問看護						
午後	12:00								昼食（内服）
		G通所介護		F 通所介護		G通所介護			
	14:00								
	16:00								
			長女		長女				夕食の調理（長女と）
夜間	18:00								夕食（内服）
									入浴
	20:00								
									就寝
深夜	22:00								
	24:00								

週単位以外のサービス	月1回　通院介助（家族支援）　長男の訪問月1～2回　住宅改修

第４表

サービス担当者会議の要点

作成年月日　○　年　○　月　○　日

利用者名　D　殿　　　　居宅サービス計画作成者（担当者）氏名

開催日　○　年　○　月　○　日　　開催場所　自　宅　　開催時間　○時○分～○時○分　　開催回数　1回目

会議出席者 利用者・家族の出席 本人：【　D　】 家族：【　J、K　】 （続柄：長男、長女） ※備考	所属（職種）	氏　名	所属（職種）	氏　名	所属（職種）	氏　名
	Gデイサービス	○○ ○○	Fデイサービス	○○ ○○	Hヘルパーステーション	○○ ○○
	担当CM					

検討した項目	①利用者の状況確認　②サービスの内容と確認
検討内容	①利用者：退院したばかりで、少し動くとしんどいです。何とか自宅内は杖を利用して歩いていますが、足はふらついています。元気な頃は１人でも買い物へ行けましたが、今は自宅に閉じこもっています。このままではよくないので、少しずつ運動のためにデイを利用したいです。 長男：できていたことができなくなり、自信をなくしているようです。好きなカラオケやちぎり絵などの製作をすることで、以前のように意欲的な生活をしてほしいです。 長女：退院してから、動くと倦怠感があって寝ていることが多いです。体調も回復してきているので、取り組みの違うデイに行くことで、活動的になってほしいです。私も職場復帰したいので。 身体状況：血圧140～150/80～90　水分１日1000cc。塩分のｇ制限はないが、減塩が望ましい。動作時の呼吸困難はあるが、自宅内数ｍは自力歩行可能。 ②Gデイサービス：カラオケルームがあり、本格的なカラオケ喫茶の雰囲気のなかで、１人１曲～２曲披露できる。 Fデイサービス：製作を中心としている。デイスタッフが手伝うのは最小限としており、大きな製作から小さな製作と幅広い作品づくりをすることで、達成感とともに認知症状の悪化防止につなげている。 Hヘルパーステーション：長女が職場復帰するため、日中１人となる。身の回りの片付けが十分にはできないため、掃除を援助することで、環境の清潔の維持を図る。
結　論	①デイ利用時の水分摂取は500ccとして、昼食汁物は半分量とする。 ②Gデイサービス利用週２回（月・金）、Fデイサービス利用週１回（水）、Hヘルパーステーション（木）生活援助（掃除）。 体調の変化については些細なことであっても、担当ケアマネに報告する。
残された課題 （次回の開催時期）	本人の体調が悪化する傾向が見られたとき。

第5表

居宅介護支援経過

作成年月日　○　年　○　月　○　日

利用者名　D　殿

居宅サービス計画作成者氏名　○○　○○

年月日	項　目	内　容
○年○月○日	長女より電話で相談	○月○日意識喪失となり市内病院に搬送。心疾患の悪化、貧血もあり加療入院していた。入院中に介護申請を行い、要介護1となっている。○月○日に退院して、長男も仕事を休み、長女と2人で介護している。退院前に相談したかったが、介護のサービス利用に本人の拒否もあり、自分で何とかいけると思っていたようだが、自宅に戻ってみて、思った以上に動けないことで自信もなくしている様子がある。長女は休職中で来月には職場復帰したい意向もあり、いつまでも2人で介護はできないため、ケアプランの作成の依頼となる。 本人も閉じこもりになることはよくないとの意識もあり、本人の好きなカラオケや手先を使う手芸などを行うデイサービス利用の希望がある。 来週自宅訪問して、本人の状態の把握と介護保険サービスについての説明を行う旨伝える。
○年○月○日	自宅訪問	集合住宅平屋に居住。100ｍほど先にスーパーがある。玄関の上り框が30cmほどあるが、踏み台と手すりが設置ずみ。亡くなった夫が設置したとのこと。長男は自宅に戻っており、長女のみ対応する。本人はベッドサイドに腰かけ笑顔で挨拶される。自宅内は部屋が隣り合い、襖で仕切られている。本人は杖歩行で、長女が一部介助している。本人「入院してこんなにも体力がなくなってつらい。昨年までは手押し車でスーパーに行って買い物して、食事も難しい物はつくれませんが、自分で好きな物つくって食べてました。好きなカラオケ喫茶にも昼間行って、みんなとおしゃべりもしながら歌っていたのに。こんな状態で行けません。でもじっと寝てばかりもよくないので、体を動かすようにしたほうがいいかなと思っています。カラオケに行っていた頃のように元気になって1人でも出かけることができるようになりたい。」 長女「退院したばかりは顔色も悪く、意欲のない発言も多かったですが、最近少しこのままだとだめだと思っているようです。私も兄も以前の意欲的に活動する母になってほしいと思います。私も来月から職場復帰したいので、日中不在になります。訪問介護で本人のできない掃除をお願いしたいです。私は仕事帰りに食事の準備はするようにしますので。」 介護保険の目的を説明するなかで、本人の望む暮らしに向けて、本人、家族とともに一緒に考えて、どう支援していくか、応援していくか一緒に考えていきましょうと伝えた。 重要事項説明、契約書に署名捺印いただく。 本人の趣味にあったデイサービスの体験を説明すると、カラオケと製作を重視している2か所のデイの体験をしたいとの意向。手配し、日程については近日中に伝える旨約束した。 届出に必要な介護保険証、負担割合証（コピー）を預かる。 同日、市役所に計画書作成の届出を行う。 同日、製作重視のFデイサービスとカラオケボックスのあるGデイサービスに連絡、体験についてFデイサービスが○日水曜日、Gデイサービスが○日金曜日となった。 同日、長女にデイ体験について伝えると、「それでお願いします。いきなり1日利用なので大丈夫かな」と言われるので、「体調を伺いながら、少し横になる時間も設けてほしい旨は伝えています」と返答した。
○年○月○日	長女より電話	「今日のデイ、楽しかったようです。入院で他の方とお話することはなかったけれど、話しかけてくれる方があって、いろいろ教えてもらったそうです。少し疲れたようですが、スタッフの方からよく声掛けして気遣っていただいたみたいです」との報告あり。 ケアマネより「最初なので、ご本人も緊張していると思われるので、がんばりすぎないでくださいと伝えてください」と伝えた。○日の体験も予定通り実施する。

第５表

居宅介護支援経過

作成年月日　○　年　○　月　○　日

利用者名　D　殿

居宅サービス計画作成者氏名　○○　○○

年月日	項目	内容
○年○月○日 ○時○分	Gデイサービス訪問	Gデイサービス体験中、様子を伺いに行くと、昼食後の休憩タイムで、他の方と会話を楽しんでおられた。ケアマネが声をかけると笑顔で「どこかで会いましたね」と言われるので、先日自宅訪問したことを伝えると、「あーあー」と思い出そうとしているが、わからない様子。 「みんな優しくしてくれて、お風呂も入ったよ。気持ちよかった」と嬉しそうに話される。 スタッフに伺うと、少し動くとしんどそうなので、無理のないように、休憩を取りながら入浴もしたとのこと。入浴後のバイタルも問題なし。
○時○分	長女より電話	「今日のデイも気に入っているみたいです。声が出ないのでカラオケは聞いているだけだったようです。できれば違うことをするデイを2か所利用したほうが、目先が変わりいいと思うので、どちらも利用します」 来月より利用の希望あり、担当者会議を設定する旨約束する。
○年○月○日	担当者会議 （別紙参照）	担当者会議で訪問。長男も仕事を休み、担当者会議に参加。「母が早く元気になってほしいです。遠方に住んでいるので、妹任せになりますが、休みが取れる週末には帰ってきて介護の協力をしようと思います。80歳超えても元気な母だったので、また好きなことをしたら元気になると思います」とのこと。 病状や本人の意向の変化に伴って、サービスの内容も変更していくので、今のサービスのまま続行するわけではないとの説明をした。 居宅サービス計画書の説明、同意を得て署名捺印、交付した。
○年○月○日	デイサービス訪問	デイサービスに様子を伺いに行くと、製作ではなく集団体操の時間帯で、座った状態で手足を少し上げていた。「無理しないでください」とスタッフも声をかけるが、本人「少し足も上げることができるようになったよ」と嬉しそうに少し体の動きがよくなったことが実感できている様子がうかがえた。製作もちぎり絵を数人でつくりあげているとのこと。
○年○月○日	Gデイサービスからの報告	本日デイにて唱歌の春の歌を歌われたとのこと。「まだ大きな声を出すのはしんどそうなので、歌いやすい選曲を一緒に考えていきます」とのこと。もう歌えないかもしれないと言われていたが、歌をみんなの前で歌ったことが自信につながったと思われる。
○年○月○日	訪問 モニタリング	長女が出迎える。仕事に復帰して、夕方の帰宅時に本人宅へ寄り、夕食を一緒にしているとのこと。「本人に調理を手伝ってもらおうと思いますが、デイへ週3日行くので、次の日は疲れているようです。でも楽しいのかその日あったことの報告はあります。体力がまだないので、歌は思うように歌えないと言っています。製作はみんなに教えてもらいながらしているようです。ヘルパーさんとも話して掃除を手伝ってもらっているようです」 本人「やっぱり家がいいです。自宅だとよく眠れます。デイの次の日はついつい寝てばかりいます。でも行く日は気分が少し緊張していいです。息子や娘に迷惑かけないように、元気な頃のように自分で何でもできるようになりたいです」 ケアマネ：自分が生き生き趣味を楽しんでいた頃のようになりたいとの意向があり、体調の悪化でできなくなっていたカラオケやちぎり絵が少しずつではあるが実現できるようになっている。家事については今後体力の回復とともに、移動能力が高まることで調理や簡単な片付けもできる可能性はある。持病の心疾患の悪化をまねかないように、水分塩分の摂取量の管理と、体調変化の早期発見を関係者間で徹底することで支援を継続していく。

OCMAシートを利用して

OCMAシートでは「基本情報」の既往歴、主傷病においては、病名だけではなく、病状・痛み・経過と具体的に記載できるようになっていることで、あらためて本人、家族から病状の身体的な状態と疼痛そして不安や心配などの精神的な訴えもまとめることができた。

「コンパクトアセスメント」では、ADL、IADLの状況、誰がどのように介助しているか、本人の心理状態から考えられる潜在的な能力や可能性を導き出しやすく感じた。

「相談受付表」では相談内容をまとめ、本人、家族の最初の意向を記載することで、サービス導入後の状態変化とともに意向の変化を感じることができた。

本ケースでは、炊飯はできるが、以前はできていた調理の手順を忘れているので献立を考えることに意欲がもてずに、ほとんどの調理場面は介助されていた。声掛けすると野菜を切る、ゆでるという下ごしらえはできる能力が残っていることから、献立を一緒に考え、できる下ごしらえを促すことで意欲を高め、家事能力の回復の可能性に期待した。

「まとめシート」では本人が望む暮らしに対して、現状は事前の「コンパクトアセスメント」、「周辺症状の現状とその背景」のシートを見返しながらまとめていくことになる。考える視点も原因・可能性・リスクとして視点のポイントをまとめることで、解決すべき条件が導き出せる視点をもつことができた。

本ケースでは、心疾患による水分、塩分制限があるが、1人暮らしで自己管理できないことが病状の悪化を招いていた。体力低下による意欲の減退はあったが、「元気になりたい」という気持ちも残っていることから、息子、娘、孫と協力者の範囲を広げ、服薬、水分塩分制限を自己管理できるよう援助をすすめたところ、体調の安定が図られた。

体調などの身体面、意欲や不安などの精神面への配慮や対応も含め、利用する事業所へのお願いとして、「周辺症状の現状とその背景」のシートの「事業所へのお願い（配慮）」の欄は有効的に利用できた。言葉がけや対応によっては、認知症状の悪化や不穏状態を招く恐れがあり、事前の情報提供により配慮をお願いすることで、本人の精神的な安定が図られたと感じた。

Eさんの事例

筋骨格系疾患や内臓の機能不全による疾患に加え、感染症罹患による生活機能・生活意欲の低下が進み、在宅生活継続が困難となり施設に入所された利用者。入所後も利用者が望む家族との外食を目標に、誤嚥の防止や外出できる状態を維持するために、支援目標を多職種で共有し、それぞれの個別計画が連携できるように取り組んだ事例。

事例概要

- 76歳、女性、要介護3。
- 胃がん、腎臓疾患、慢性心不全等を患っていたが、地域老人会には参加され、家族との温泉旅行やカラオケを楽しんでいた。
- 夫の死後、坐骨神経痛や腎疾患の影響もあり、外出せず自宅で過ごす時間が多くなった。
- 1年前の新型コロナウイルス感染症罹患後の日常生活の不活発さが、日常生活動作の低下を招き、生活意欲の減退も見られ、外出もしなくなり、家族による多くのサポートが必要になった。
- 同居の主たる介護者である長女は就労中。就業先の理解を得て日中に一時帰宅しながら利用者のサポートを行ってきたが、そのような生活から長女の疲れが増加し、自宅での生活の継続が難しくなった。
- 短期入所を利用された経験もあるが、直近で利用した際、利用中に困惑された様子があり、以降の利用はない。通所介護や訪問看護、福祉用具貸与を利用している。
- 今回、要介護認定更新結果を受け、長女の体調を心配した主治医からの勧めもあり、特別養護老人ホームへの入所となった。
- 施設の入所後1月間は施設での生活を理解してもらうための施設サービス計画書を作成したが、今回、目標が達成されたことで新たな施設サービス計画書を作成するためのアセスメントを行った。
- 利用者が望まれている家族との外食の継続支援を中心に、入所施設の利点の一つである常に職員がかかわりをもつことができる環境を活用し、家族による面会時の声掛け、機能訓練指導員による個別計画書、管理栄養士による栄養マネジメント計画書、介護・看護によるケア計画書でそれぞれの支援を共有し、各職種が連携しながら施設での生活支援に取り組んでいる。

基本情報

支援事業所	特別養護老人ホーム〇〇	事業所番号	〇〇〇〇〇〇〇〇〇〇	介護支援専門員	D
所在地	〇市〇町	TEL	〇〇-〇〇〇〇-〇〇〇〇	FAX	〇〇-〇〇〇〇-〇〇〇〇

受付日時	〇 年 〇 月 〇 日 〇 時	受付対応者	E	受付方法	(来所)・TEL・訪問・その他
訪問日	〇年〇月〇日	課題分析場所	☑ 自宅 ☑ 施設(特別養護老人ホーム〇〇)	理由	☑初回 ☑定期 □退院(入所後1月経過し、更新のため)

フリガナ		生年月日	M T (S) H 〇 年 〇 月 〇 日(76才) □男性 ☑女性
氏名	E	被保険者番号	〇〇〇〇-〇〇〇-〇〇〇
現住所	〒 ー 〇市〇町	保険者番号	△△△△△△△
電話番号	〇〇-〇〇〇〇-〇〇〇〇		

福祉サービス利用援助事業
□ 成年後見
□ 日常生活

家族構成

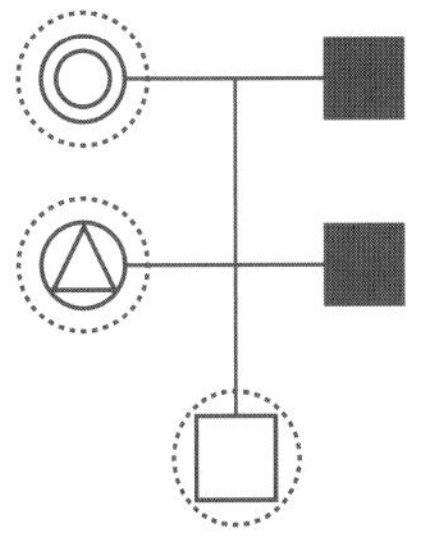

□男 ○女 ◎本人 ●死亡 △キーパーソン

家族等連絡先	家族名	年齢	続柄	同・別居	電話番号	緊急連絡順
	L	51	長女	別	〇〇〇-〇〇〇〇-〇〇〇〇	1
	M	24	孫	別	〇〇〇-〇〇〇〇-〇〇〇〇	2

介護者に関する情報	主たる介護者	長女	意思	(有)・無	負担感	(有)・無

(長女)現在のEさん宅で結婚まで同居。短大卒業後、地元企業の経理事務として就労。27歳のときに結婚し退職。子どもが高校生のときに夫が急逝。その際に実家で子どもとともにEさんと同居。同居を機に介護の職に従事。子どもが独立してからはEさんと2人暮らしとなり仕事を続けていたが、Eさんへの介護の時間が増えてきたことから、時間に都合がつくシフトを叶えてくれる介護事業者へ転職し現在に至っている。

生活歴

大阪府で生まれ、高校卒業後繊維工場に就職。6年勤めた頃、友人の紹介で夫と結婚。結婚と同時に退職し夫の地元へ転居、結婚後は専業主婦である。夫婦そろってカラオケ好きでよくカラオケに行っていた。長女が出生してからは年に2回は各地の温泉を家族旅行で巡っていたとのこと。孫が高校2年生のとき、長女の夫が病気で急逝し、長女・孫が同居する。夫の退職後は4人でカラオケや温泉にも行き楽しい時間を過ごしたとのこと。Eさんが68歳のときに夫逝去。その頃より、坐骨神経痛や腎疾患で外出頻度も減り、家にいる時間が多くなった。2年前に胃がんが見つかり、胃の摘出手術を受けた。その際、糖尿病の治療も開始している。退院後、がんは経過観察となるが、糖尿病や腎機能低下、慢性心不全の治療は継続しており、動作緩慢及び意欲低下によるADL、IADLの低下が顕著となった。1年前の新型コロナ感染症罹患による入院により、活動性の低下がみられるようになった。その後自宅で居宅サービスを活用し、長女の介護も得ながら生活を営んでいたが、排泄や食事の対応が困難なことから特別養護老人ホームへの入所申請が行われ入所となった。入所後は戸惑う場面も見られたが、ちぎり絵のクラブ活動に参加され、日中も横になることなく過ごされている。また、月に1度の長女、孫との3人での外食を楽しんでいる。

趣味・特技など

カラオケで地域のイベントに参加経験あり。
手芸(特にちぎり絵、アートフラワー、編み物)。温泉(お風呂)が好き。

要介護度	認定日		有効期間	
要介護3	〇 年 〇 月 〇 日		〇 年 〇 月 〇 日 ~ 〇 年 〇 月 〇 日	
支給限度額	交付年月日	障がい自立度	認知症自立度	審査会の意見
27,048	〇 年 〇 月 〇 日	C1	Ⅱa	

① 医療機関名	〇〇診療所(特養併設)	診療科目	内科	主治医	〇〇医師	回数	1 回 / 2 (週)月
所在地	〇〇特別養護老人ホーム内		TEL	〇〇-〇〇〇〇-〇〇〇〇		FAX	〇〇-〇〇〇〇-〇〇〇〇
② 医療機関名	〇〇病院	診療科目	循環器	主治医	〇〇医師	回数	1 回 / 2 週(月)
所在地	〇市〇町		TEL	〇〇-〇〇〇〇-〇〇〇〇		FAX	〇〇-〇〇〇〇-〇〇〇〇

健康状態		病名	症状・痛み・経過・その他
既往症	①	坐骨神経痛	胃がんで2020年5月末〇〇総合病院へ入院し、6月に2/3摘出手術施行。経過良好にて同年、6月下旬に退院。2022年8月に自宅で尻もちをつき、翌日痛み悪化にて救急搬送。〇〇病院に約1か月入院。同年8月新型コロナウイルス感染症に罹患。長女も感染したことで〇〇病院に15日間入院。
	②	腎臓疾患・胃がん・肺炎疑い	
主傷病	①	慢性心不全・糖尿病・腎不全	末期腎不全、心筋梗塞による慢性心不全あり、心不全悪化しやすい。
	②	膝関節痛・脊柱管狭窄症	
	③	第一腰椎圧迫骨折	

主治医の意見より	1つ1つの動作に見守りが必要。今までポータブルトイレに移動させ、着脱、ふき取りまで娘が行っていたが最近は、歩行も困難になっていて便の回数も多いため下着を汚すことが多く、おむつ交換が頻回である。

健康保険	後期高齢者医療		☑ 本人	□ 家族	医療費負担割合	1 割
公費負担		生保 □	担当CW		負担限度額認定	段階
障害者手帳	☑ 有 □ 無	聴覚障害6級		経済状況	遺族年金及び家族からの必要時の援助もあり支障なし	

コンパクトアセスメント

記入年月日　○ 年　○ 月　○ 日

	項目	ADLと現在の状況	能力や可能性／精神心理状態など	チェック欄
ADLおよびIADL	寝返り	☑ 自立　□ 一部介助　□ 全介助 ベッド柵につかまればゆっくりと寝返りができる。	現状できているが、加齢に伴う上腕の筋力低下を防ぐ必要がある。	
	起き上がり	□ 自立　□ 一部介助　☑ 全介助 ベット柵をもっても不安定のため、介護職が支えながら行っている。柵を持つなどの協力動作はある。	起き上がりが自分では不十分なため、電動ベッドの機能で補う必要がある。本人の起き上がりたいという気持ちに応えるために福祉用具の有効性を常に検討する。	
	座位	☑ 自立　□ 一部介助　□ 全介助 肘付きで背もたれがあるいすを活用し、座位が保てている。	座っているとやや前のめりの姿勢になりやすい。座位保持が安定できるための訓練を受けることで、家族との外食を続けられる。	✓
	立位	☑ 自立　□ 一部介助　□ 全介助 歩行器もたれかかるような姿勢ではあるが立位保持ができている。	肘置きのあるタイプの歩行器を継続使用することで立位の安定を図る。	
	移乗	☑ 自立　□ 一部介助　□ 全介助 外出時等の限られた場合のみではあるが、車いすを使用する場合もある。	車いすへ移乗を行う際にブレーキ確認を行わないときがあるため、介護職員が車いすの位置等の確認を行っている。	
	歩行	□ 自立　☑ 一部介助　□ 全介助 肘置きのある歩行器にもたれながらも歩行できる。屋外は車いすを使用し介助。	施設内は自身で移動し、疲れた際にはいすに座り休憩している。見守り等で注意しながら施設内を自由に移動できる環境を整えることが自身で動いていきたいとの思いに添うことになり、生活意欲の向上につながるものと考える。	✓
	着衣	□ 自立　☑ 一部介助　□ 全介助 朝晩の着替えの促しにより着替える。上衣、ズボン等は介護職員が服を広げて持つと、自分で袖や裾を通す。小さいボタンは通しづらいようである。	やや動作緩慢のため時間がかかる。しかし自分で行いたいという気持ちがあり頑張っている。ボタンかけがスムーズに行えるように指先の機能向上訓練が必要だと考える。	
	入浴	□ 自立　☑ 一部介助　□ 全介助 一般浴で週2回の入浴。腰痛や倦怠感、疲労があるため、様子を見ながら必要に応じた介助を行っている。足先はシャワーチェアーを使用しても洗えないため介助している。	洗髪、洗身に洗い残しはあるが、声掛けと一部の洗身介助にて入浴を続けることができる。	
	排泄後始末	□ 自立　☑ 一部介助　□ 全介助 トイレまでの移動が間に合わないことがあるため、パッドを使用。パッド内排泄が日に1・2回ある。パッド交換は介護職で行っている。排便後の確認や拭き残しに介護職員が対応している。 失禁　☑ 有　□ 無　回数　尿　4・5 回／日　便	パッドの使用や交換介助が必要ではあるが、トイレで用をたしたいという本人の思いを尊重し、過剰なパッド使用や介助過多にならないように注意する。 3日に1回程度　コントロール方法　緩下剤	✓
	食事摂取	☑ 自立　□ 一部介助　□ 全介助 セッティングにより自己摂取できる。胃がん摘出既往はあるが、1日3食摂取できており、水分摂取量は約1200ml/ 1日。食事摂取量は提供量の約7割である。なお、むせ等はないが急いで食べる傾向がある。（昔から早く食べるのが癖であったとのこと） 栄養状態　☑ 良　□ 不良　食事回数　3 回　水分摂取量	施設の提供と介護職員の見守りの下、自身で食事摂取を続けることができる。ただし、急いで食べようとすることから誤嚥の可能性がある。ゆっくり咀嚼して食事を摂ってもらえる環境が必要である。（医師より誤嚥性肺炎の防止に留意するように指示がある） ☑ 良　□ 不良　cc／日	✓
	口腔ケア衛生	□ 自立　☑ 一部介助　□ 全介助 義歯使用。取り外しは自身で行い、洗浄は介護職員が行っている。かみ合わせ良好で、口腔内の状態（舌苔なし・口臭なし・口腔乾燥なし・腫れ、出血は認められない）も良好。 口腔内の状態　☑ 良　□ 不良　義歯　☑ 有　□ 無	☑ 全　□ 部分　□ 上　□ 下	
	調理	□ 自立　□ 一部介助　☑ 全介助 施設がすべて行っている。	特養入所中であり施設提供。	
	買物	□ 自立　□ 一部介助　☑ 全介助 長女が見繕って購入し、施設に持参している。	自身でほしいものを介護職員や生活相談員に伝えることができる。（施設から長女に連絡し、購入を依頼している）	
	環境整備掃除	□ 自立　□ 一部介助　☑ 全介助 床頭台の上は整理されているが、ベット回り、ゴミ箱やシーツ交換等は施設で行っている。	清掃とまでは言えないが、物の置き場を考えることはできる。	
	金銭管理	□ 自立　□ 一部介助　☑ 全介助 長女が管理している。（少額はお小遣いとして施設預かり）	施設内買い物でお菓子やティッシュを事務所に声をかけて買いに来ることはできる。ただし、金額の計算や購入品の管理は自身で行わず、職員にゆだねている。（お菓子はあると食べ過ぎるため、管理は介護職員で行っている）	
	服薬状況	□ 自立　☑ 一部介助　□ 全介助 朝夕2回服薬あり。看護職員の管理の下、介護職員が水と一緒に準備すれば自分で飲める。	服用は準備すれば自身でできるが、管理や服薬の遵守は薬の必要性をあまり認識していないことから難しい。職員が管理することで服用ができる。	
褥瘡の程度 皮膚の清潔状況		褥瘡はなく、皮膚疾患もない。身長152ｃｍ、体重74kg、BMIは32。爪に異常はなく必要に応じ介護職員が切っている。寝具や衣類（家族が持参されたもの）は施設で管理、提供しており問題はない。	やや肥満気味ではあるが、施設の食事を食べることでバランスよく栄養が摂取できる。	
特別な状況 虐待・ターミナル		1日1回、血糖測定しインスリン注射（朝）を看護職員が行う。	継続して行うことで血糖値が安定する。	
社会とのかかわり		参加意欲：施設内行事への参加の拒否はない。手芸クラブ参加は積極的。 変化：機能訓練を兼ねた手芸活動を楽しみにしている。 喪失感孤独感等：特になし	①自宅に閉じこもりがちというほどではないが、手芸活動に積極的な参加意欲があることから、他者交流の機会としても活用したいと考える。②施設から手芸活動で作成された作品を近隣の小学校に寄贈しているが、その時の訪問メンバーに加わってもらい、外部との交流の機会としたい。	✓
コミュニケーション		視力　☑ 良好　□ 不良　聴力　□ 良好　☑ 不良 意思の伝達　☑ 良好　□ 不良　電話　□ 良好　☑ 不良 補聴器のスイッチの入れ忘れが多く、会話が続かないことや会話のつじつまが合わないことがある。聞こえにくいことでまったく違う返事をすることがある。	①補聴器のスイッチを確認。スイッチが入っていれば聞こえるため会話は可能。ゆっくりとわかりやすい言葉で会話する。 ②自身で携帯電話を所持され、家族と通話ができる。	
服薬内容		朝食後：フロセミド錠20mg・チラージンＳ錠50・ランソプラゾールOD錠・フェブリク錠10mg・クレストール錠5mg・ルセフィ錠・トラゼンタ錠5mg 夕食後：ワーファリン錠0.5mg・ニトロールＲカプセル20mg・カルベジロール錠2.5mg・モーラステープ インスリングラルギンBS注ミリオペリー（朝12単位）		

周辺症状の現状とその背景

記入年月日　○ 年 ○ 月 ○ 日

周辺症状		現症状	背景・要因・気づいたことなど	チェック欄
ア	被害を訴える	☑ ない　□ 時々ある　□ ある 入所直後は衣類の収納場所がわからないことから盗まれたとの訴えもあったが、場所を伝え一緒に確認することで収まった。	新たな環境に馴染むまで丁寧な説明が必要。	
イ	状況に合わない話をする	☑ ない　□ 時々ある　□ ある		
ウ	ない物が見える・聞こえる	☑ ない　□ 時々ある　□ ある		
エ	気持ちが不安定	☑ ない　□ 時々ある　□ ある		
オ	夜眠らない	☑ ない　□ 時々ある　□ ある		
カ	荒々しい言い方や振る舞いをする	☑ ない　□ 時々ある　□ ある		
キ	何度も同じ話をする	☑ ない　□ 時々ある　□ ある		
ク	周囲に不快な音をたてる	☑ ない　□ 時々ある　□ ある		
ケ	声かけや介護を拒む	☑ ない　□ 時々ある　□ ある ゆっくり食事を食べるように促すが、なかなか聞き入れてくれない。ただし、大声を出したり、払いのけるなどの行動はない。	過去に誤嚥性肺炎の疑いを診断されたことがある。今までの生活で早く食事を済ませることが習慣となっていて、よく噛まずに飲み込んでしまうことが常にある。現在嚥下に問題はないとのことだが、医師からの助言もあり、ゆっくり咀嚼し、確実に飲み込みを行ってもらう促しや確認は必要である。	✓
コ	大きな声をだす	☑ ない　□ 時々ある　□ ある		
サ	落ち着きがない	☑ ない　□ 時々ある　□ ある		
シ	歩き続ける	☑ ない　□ 時々ある　□ ある		
ス	家に帰るなどの言動を繰り返す	☑ ない　□ 時々ある　□ ある		
セ	一人で危険だが外へ出ようとする	☑ ない　□ 時々ある　□ ある		
ソ	外出すると一人で戻れない	☑ ない　□ 時々ある　□ ある		
タ	いろいろなものを集める	☑ ない　□ 時々ある　□ ある		
チ	火を安全に使えない	☑ ない　□ 時々ある　□ ある		
ツ	物や衣類を傷めてしまう	☑ ない　□ 時々ある　□ ある		
テ	排泄物をわからず触ってしまう	☑ ない　□ 時々ある　□ ある		
ト	食べられないものを口に入れる	☑ ない　□ 時々ある　□ ある		
日常の意思決定認知能力		自身の考えや思いを他者へ伝えることができる。認知能力に特段の問題はない。	職員の助言に耳を傾け頷いてくれるが、受け入れているとは限らない。自身の固有の考えに基づく行動を大切にされているように思える。	✓
本人・家族の主訴・要望		本人：施設の生活にも少し慣れてきた。皆と手芸をすることは楽しいのでこれからも参加して楽しみたい。月に1回の家族との外食を続けたい。 長女：好きなことして、好きな物を食べて、いろいろ制約がありながらも無理せず我慢せずに生きてほしい。施設で手芸を楽しんでいるのはよかったと思う。これからも続けてほしい。前のように家で一緒に暮らしたいとも思うが今の仕事と生活では難しい。月に1回の外食を続け、できればその後一泊でも自宅で過ごさせてあげたい。		
事業所へのお願い（配慮）		①施設の生活にも慣れてこられました。職員の皆さんの丁寧な説明が安心をもたらしてくれていると思います。 ②手芸を楽しまれており、自室での簡単な作成の援助もお願いしたいと思います。 ③月に1度のご家族との外食を続けていただけるように、誤嚥性肺炎予防への取り組みの継続をお願いします。		

相談受付表

受付日時	○　年 ○ 月 ○ 日	受付方法	☑ 来所　□ 電話　□ その他	受付対応者	○○　○○
相談経路	長女が施設に来所し相談。				
相談内容	昨年に泊まりのサービスを利用した際、見当識障害や被害妄想があったことでその後利用できていない。最近は日中から横になっていることが多く、トイレまで間に合わずに排泄の失敗も多くなっていて、仕事から帰ってきてからの後始末も大変になった。仕事も減らしているが、生活のことがあるのでこれ以上減らすことができない。今のような生活が続くと病気も悪くなると思う。これ以上に家族ができることはないと思い、施設への入所をお願いしたい。				
相談に至った経過	要支援の認定の頃から、地域包括支援センターの支援を活用し、地域の老人会や通所系サービスに参加していた。2020年、胃がんの手術後ＡＤＬの低下が見られ、要介護2の認定を受ける。以降は福祉用具貸与、住宅改修、通所介護、訪問看護、短期入所生活介護を利用し、在宅生活を続けてきたが、2022年の新型コロナウイルス感染症罹患による入院治療後、ADLや意欲の著しい低下が認められた。要介護認定更新結果が要介護3となったことから、主治医の勧めもあり入所申し込みに至った。				

一日の過ごし方

時刻	内容
4	
6	
	起床
8	朝食
	トイレ
10	
12	
	昼食
	手芸クラブ13:15～（毎水曜日）
14	・個別機能訓練（毎金曜日）
	入浴14:00～（火・木）
16	
	夕食17:15～
18	
	トイレ
20	
	就寝
22	
24	
2	
	トイレ
4	

現在の生活の状況

（入所前）胃がん術後については回復。現在は具材を刻むことなく食事摂取ができているが食事量はやや少ない。昨年3月上旬に救急搬送され、血糖値700mg/dL以上あったため、インスリン、導尿が必要になり入院治療。約1か月後退院。退院後は訪問看護を導入し週2回、血糖値コントロール状況の確認、長女への手技指導を目的に実施。5月になって数値が安定し、インスリンは必要なものの、導尿の必要性はなくなり、訪問看護は終了となった。長女は介護の仕事をしているが、昼間には一旦戻って食事等準備し、再度仕事に戻る生活を続けていた。本人はコロナ感染後からADL低下し、長女に促されて起きる時以外は一日中横になって過ごしていた。入所２カ月前はトイレに間に合わないことも多く、リハビリパンツの交換が長女の日課となっていた。（入所後）起床や就寝の促しで日中夜間の生活リズムは改善されてきた。日中はデイルームで他者との会話を楽しんだり、自室でテレビを見たり穏やかに過ごしている。週１回の手芸（ちぎり絵）活動を楽しんでおり、準備や後片付けにも手を貸してくれる。入浴や食事も自身でできることは介助を求めることなく行っている。週１回の家族との外食から戻った晩は疲れもあるのか早めに横になっている。

住宅見取り図　（危険個所は▲）

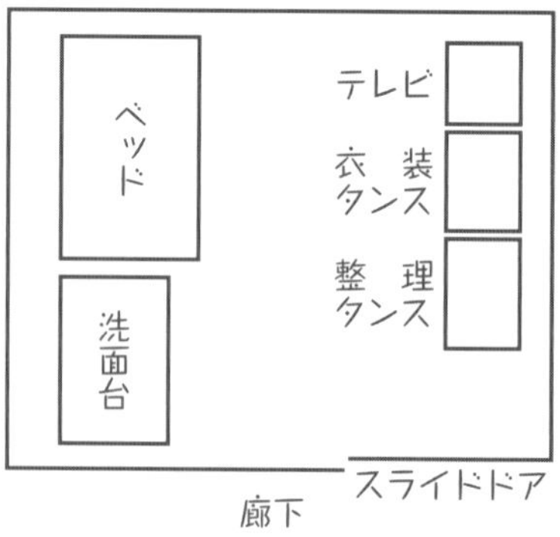

※トイレは廊下を出て隣の居室との間に設置

住宅改修の必要性　（ 有 ・ ㊀無 ）
必要個所と内容

現在利用しているサービスの状況

事業種別	頻度／月	開始日	事業所名	担当者名	電話番号 FAX	
介護老人福祉施設	回	○月○日	特別養護老人ホーム○○		電話番号	○○-○○○○-○○○○
					FAX	○○-○○○○-○○○○
	回				電話番号	
					FAX	
（入所前）	回				電話番号	
					FAX	
通所介護	4　回		○○デイサービス		電話番号	
					FAX	
補助用具貸与（歩行器）	回		○○会社		電話番号	
					FAX	
	回				電話番号	
					FAX	
	回				電話番号	
					FAX	
	回				電話番号	
					FAX	
	回				電話番号	
					FAX	
	回				電話番号	
					FAX	

まとめシート

記入年月日　2023 年 ○ 月 ○ 日

現状	考える視点（原因・可能性・リスク）	解決すべき条件
座位保持、歩行時に前傾姿勢になり、やや体勢が不安定になっている。	原因： • 腰椎圧迫骨折の影響もあると思われるが、体重を保持する下肢筋力と背筋力の低下も要因ではないかと考えられる。 可能性： • 屋内では歩行器、屋外では車いすを活用することで移動ができる。 • 歩行に必要な下肢筋力向上訓練と上体の保持に有効な機能訓練を行うことで、移動時の体勢の不安定さが軽減できる。 • 段差のないバリアフリーの施設環境を活用し、施設職員による見守りと声掛けを行うことで転倒や骨折が予防できる。 リスク： • 前傾姿勢により歩行器への体重がかかりすぎることで、歩行器が離れて先に進んでしまい、持つものがなくなることで転倒し、骨折してしまう。 • 楽しみの実現につながる機能訓練の目標を設定しないと本人の訓練参加への意欲がなくなり、訓練をしなくなる。 • 体重の増加を防ぐことは大切だが、必要な栄養素を摂らないと前傾姿勢の改善に必要な筋力が維持できなくなってしまう。	• 現状の身体機能を理解し、身体機能を向上することで転倒を予防し、再骨折を予防する。 • ADL/IADLの状態を定期的に把握し、転倒予防や歩行機能の回復が図られる状態につながるように、適宜支援を見直す。 • 必要な栄養量を把握して適切な食事を行う。不足する栄養量を補うことで、リハビリテーションの継続、体力、体調の回復を目指す。 • 体重の増減やBMI値を使って栄養状態を把握する体制を整える。 （ニーズ案：手芸クラブに参加するため約1時間いすに座ることができ、手芸の作業中は前かがみにならない姿勢を保つ。）
• 食事をよく噛むことなく、急いで食べてしまう。本人は自覚していなかったが、レントゲンで肺炎の跡が確認され、医師からも誤嚥性肺炎の予防に努めるように言われている。	原因： • 以前からの食事方法（習慣） • 一人で食べることで、注意や助言を行う存在がなかった。 • 多少のむせはあったようだが、誤嚥性肺炎による症状がなく経過したことから、改善する必要性を感じていない。 可能性： • 食前にパタカラ体操を行うことで唾液の分泌を促し、飲み込みをスムーズに行うことにつながる。 • 義歯等の状態やかみ合わせに問題がないため、ゆっくり咀嚼し飲み込むことで誤嚥の予防ができる。 • よく噛まずに飲み込んでいることを本人が自覚していないが、他者と一緒に食事を楽しむことで食べるスピードも穏やかになる。 • 食前食後に義歯の状態を確認することで、食事をしっかり噛むことができ、口腔内の異常を発見できる。 リスク： • 急いで食べることで咀嚼が不十分になり、誤嚥する可能性がある。 • 誤嚥によって肺炎や窒息の可能性が高まる。 • 誤嚥性肺炎の危険性があると、家族との外食もできなくなり、楽しみが奪われてしまう。	• 日常的な口腔ケアの状況や口腔内衛生状態を把握する。 • 唾液の分泌を促し、感染症を防ぐために口腔体操などの取り組みを行う。（ケア体制を整える） • 食事の内容だけでなく、本人の状況に合わせた食べやすい食形態や本人の好み等も考慮して食欲を高める工夫や配慮された食事を提供する。 • 食事が楽しめるテーブルの着座位置等に配慮した環境を提供する。 （ニーズ案：家族との外食を楽しむために、食事はよく噛んで飲み込むようにし、誤嚥が起こらないようにする）

課題整理総括表

利用者名　E　殿

作成日　○／○／○

自立した日常生活の阻害要因（心身の状態、環境等）		
①腰椎圧迫骨折による痛みと前傾姿勢	②生活習慣から噛まずに飲み込む	③施設入所によるサービス提供
④軽いもの忘れ	⑤	⑥

利用者及び家族の生活に対する意向	
	本人：皆と手芸をすることは楽しいのでこれからも参加して楽しみたい。月に1回の家族との外食を続けたい。 長女：いろいろ制約はありながらも無理せず我慢せずに生きてほしい。施設で手芸を楽しんでいるのはよかった。月に1回の外食を続け、その後一泊でも自宅で過ごさせてあげたい。

状況の事実 ※1		現在 ※2	要因 ※3	改善/維持の可能性 ※4	備考（状況・支援内容等）
移動	室内移動	自立　**（見守り）**　一部介助　全介助	①	**（改善）**　維持　悪化	• 肘置きのある歩行器にもたれながらも歩行はできる。屋外は車いすを使用し介助が必要。
	屋外移動	自立　見守り　**（一部介助）**　全介助	①	改善　**（維持）**　悪化	
食事	食事内容	**（支障なし）**　支障あり		改善　維持　悪化	• セッティングにより自己摂取できる。胃がん摘出既往はあるが、1日3食摂取できており、水分摂取量は約1200ml/ 1日。食事摂取量は提供量の約7割である。なお、むせ等はないが急いで食べる傾向がある。
	食事摂取	自立　**（見守り）**　一部介助　全介助	②	**（改善）**　維持　悪化	
	調理	自立　見守り　一部介助　**（全介助）**	③	改善　**（維持）**　悪化	
排泄	排尿・排便	**（支障なし）**　支障あり		改善　維持　悪化	• トイレまでの移動が間に合わないことがあるため、パッドを使用。パッド内排泄が日に1・2回ある。パッド交換は介護職で行っている。排便後の確認や拭き残しに介護職員が対応している。
	排泄動作	自立　見守り　**（一部介助）**　全介助	①	**（改善）**　維持　悪化	
口腔	口腔衛生	**（支障なし）**　支障あり		改善　維持　悪化	• 義歯使用。取り外しは自身で行い、洗浄は介護職員が行っている。かみ合わせは良好で、口腔内の状態も良好（舌苔なし・口臭なし・口腔乾燥なし・腫れ、出血は認められない）。
	口腔ケア	自立　見守り　**（一部介助）**　全介助	④	改善　**（維持）**　悪化	
服薬		自立　見守り　**（一部介助）**　全介助	③	改善　**（維持）**　悪化	• 朝晩2回服薬あり。看護職員の管理の下、介護職員が水と一緒に準備すれば自分で飲める。
入浴		自立　見守り　**（一部介助）**　全介助	①	**（改善）**　維持　悪化	• 一般浴で週2回の入浴。腰痛や倦怠感、疲労があるため、様子を見ながら必要に応じた介助を行っている。足先はシャワーチェアーを使用しても洗えないため介助している。
更衣		自立　見守り　**（一部介助）**　全介助	①	**（改善）**　維持　悪化	• 朝晩の着替えの促しにより着替える。上衣、ズボン等は介護職員が服を広げて持つと自分で袖や裾を通す。小さいボタンは通しづらい。
掃除		自立　見守り　一部介助　**（全介助）**	①③	改善　**（維持）**　悪化	• 居室の清掃、洗濯は施設で提供しており、自身で行うことはない。
洗濯		自立　見守り　一部介助　**（全介助）**	③	改善　**（維持）**　悪化	
整理・物品の管理		自立　見守り　**（一部介助）**　全介助	③④	**（改善）**　維持　悪化	• 床頭台の上は自身で整理している。
金銭管理		自立　見守り　一部介助　**（全介助）**	③④	改善　**（維持）**　悪化	• 長女が管理している（少額はお小遣いとして施設預かり）。
コミュニケーション能力		支障なし　**（支障あり）**		**（改善）**　維持　悪化	• 補聴器のスイッチの入れ忘れが多く、会話が続かないことや会話のつじつまが合わないことがある。聞こえにくいことで全く違う返事をすることがある。
認知		**（支障なし）**　支障あり		改善　維持　悪化	
社会との関わり		**（支障なし）**　支障あり		改善　維持　悪化	• 施設内行事への参加の拒否はない。手芸クラブ参加は積極的。
褥瘡・皮膚の問題		**（支障なし）**　支障あり		改善　維持　悪化	• 褥瘡はなく、皮膚疾患もない。身長152ｃｍ、体重74kg、BMIは32。爪に異常はなく必要に応じ介護職員が切っている。寝具や衣類（家族が持参されたもの）は施設で管理、提供しており問題はない。
行動・心理症状（BPSD）		**（支障なし）**　支障あり		改善　維持　悪化	• 入所当初は同じことを尋ねるなどの混乱は見られたが、今は落ち着いた。
介護力（家族関係含む）		**（支障なし）**　支障あり		改善　維持　悪化	• 家族は就労しており、現在の必要介護内容を担うことはできない。
居住環境		**（支障なし）**　支障あり		改善　維持　悪化	• 施設環境で支障なし。
趣味（ちぎり絵）		**（支障なし）**　支障あり		改善　維持　悪化	• 手芸クラブに積極的に参加されており、他のメンバーとも楽しく話をしている。
				改善　維持　悪化	

見通し ※5	生活全般の解決すべき課題（ニーズ）【案】	※6
① • 屋内では歩行器、屋外では車いすを活用することで移動ができる。 • 歩行に必要な下肢筋力向上訓練と上体の保持に有効な機能訓練を行うことで、移動時の体勢の不安定さが軽減できる。 • 段差のないバリアフリーの施設環境を活用し、施設職員による見守りと声掛けを行うことで転倒や骨折が予防できる。	屋内の移動は自分1人で行いたい。	2
② • 食前にパタカラ体操を行うことで唾液の分泌を促し、飲み込みをスムーズに行うことにつながる。 • 義歯等の状態やかみ合わせに問題がないため、ゆっくり咀嚼し飲み込むことで誤嚥の予防ができる。 • よく噛まずに飲み込んでいることを本人が自覚していないが、他者と一緒に食事を楽しむことで食べるスピードも穏やかになる。 • 食前食後に義歯の状態を確認することで、食事をしっかり噛むことができ、口腔内の異常を発見できる。	家族との外食を楽しみ、誤嚥性肺炎の防止のためにも食事はよく噛んでしっかり飲み込み、むせることがないようにしたい。	1
③④ 施設の提供できるさまざまな支援内容を活用することで、今できている活動を維持することができると考える。自分自身で行いたいという意欲も見られることから、できないところを補う支援に留意することを各職種間で共有する。 ※ちぎり絵が大きな楽しみとなっている。ちぎり絵を行うことで他の入居者との交流の機会にもなり、社会参加の向上にもつながると考える。ちぎり絵の活動により、衣類のボタンかけなどの機能向上につながるような声掛けも行っていきたい。	手芸クラブのちぎり絵を楽しみ、補聴器のスイッチの入れ忘れに注意し、仲間と楽しく話をしたい。	3

※1　本書式は総括表でありアセスメントツールではないため、必ず別に詳細な情報収集・分析を行うこと。なお「状況の事実」の各項目は課題分析標準項目に準拠しているが、必要に応じて追加して差し支えない。
※2　介護支援専門員が収集した客観的事実を記載する。選択肢に○印を記入。
※3　現在の状況が「自立」あるいは「支障なし」以外である場合に、そのような状況をもたらしている要因を、様式上部の「要因」欄から選択し、該当する番号（丸数字）を記入する（複数の番号を記入可）。
※4　今回の認定有効期間における状況の改善/維持/悪化の可能性について、介護支援専門員の判断として選択肢に○印を記入する。
※5　「要因」および「改善/維持の可能性」を踏まえ、要因を解決するための援助内容と、それが提供されることによって見込まれる事後の状況（目標）を記載する。
※6　本計画期間における優先順位を数字で記入。ただし、解決が必要だが本計画期間に取り上げることが困難な課題には「－」印を記入。

第１表

施設サービス計画書（1）

作成年月日　○　年　○　月　○　日

初回・紹介・継続　　認定済・申請中

利用者名　E　殿　　生年月日　昭和○　年　○　月　○　日　　住所　○市○町

施設サービス計画作成者氏名及び職種　○○　○○　介護支援専門員

施設サービス計画作成介護保険施設名及び所在地　特別養護老人ホーム○○　○市○町

施設サービス計画作成（変更）日　○　年　○　月　○　日　　初回施設サービス計画作成日　○　年　○　月　○　日

認定日　○　年　○　月　○　日　　認定の有効期間　○　年　○　月　○　日　～　○　年　○　月　○　日

要介護状態区分	要介護1　・　要介護2　・　◯**要介護3**◯　・　要介護4　・　要介護5

利用者及び家族の生活に対する意向を踏まえた課題分析の結果	本人：施設の生活にも少し慣れてきた。皆と手芸をすることは楽しいのでこれからも参加して楽しみたい。月に1回の家族との外食を続けたい。 家族（長女）：好きなことをして、好きな物を食べて、いろいろ制約はありながらも無理せず我慢せずに生きてほしい。施設で手芸を楽しんでいるのはよかったと思う。これからも続けてほしい。前のように家で一緒に暮らしたいとも思うが今の仕事と生活の状況では難しい。月に1回の外食を続け、できればその後一泊でも自宅で過ごさせてあげたい。 （課題分析の結果）生活習慣からの食事方法はなかなか見直しが難しいものと考察する。手芸や家族との外食を楽しみにしていることから、楽しみの実現のための支援方法の提供が、現在行われている活動の維持向上に資する意欲の向上につながるものと分析した。
介護認定審査会の意見及びサービスの種類の指定	なし
総合的な援助の方針	ご家族との外食を楽しく続けられるように、誤嚥性肺炎の予防に取り組みます。また、好きなちぎり絵を続け、自分でできることが続けられるように一緒に取り組ませていただきます。 緊急時の連絡先 ①施設嘱託医：○○ ○○　連絡先○○-○○○○-○○○○ ②長女：L　連絡先○○○-○○○○-○○○○ ③孫：M　連絡先○○○-○○○○-○○○○

第２表

施設サービス計画書（2）

利用者名　　E　　殿　　　　作成年月日　○　年　○　月　○　日

生活全般の解決すべき課題（ニーズ）	目標 長期目標	（期間）	短期目標	（期間）	援助内容 サービス内容	担当者	頻度	期間
毎月の外食を楽しみたい。	食事でむせることがないようにしたい。	○年○月○日～ ○年○月○日 （３か月）	食事はゆっくりとよく噛み、しっかりと飲み込んで食べたい。	○年○月○日～ ○年○月○日 （１か月）	①食前にパタカラ体操を行う。 ②食事の内容を確認し、口に合わない大きさや硬そうなものがないか確認する。 ③意識して噛み、一口ずつ飲み込む。 ④食材の大きさを確認し、大きい場合は小さくする。 ⑤ゆっくり噛みながら一口ごとに飲み込むように声をかける（咀嚼と嚥下の確認）。 ⑥食材の大きさが適切かどうか確認する（摂取状況の把握と嗜好の確認：栄養マネジメント強化加算）。	①②③本人 ④⑤介護職員 ⑥管理栄養士	毎食事 毎食事 昼食時	○年○月○日～ ○年○月○日 （１か月）
			前かがみにならない姿勢で食事を楽しみたい。	○年○月○日～ ○年○月○日 （２か月）	①座っているときや歩行器で歩いているときは背中を伸ばすように意識する。 ②前かがみの姿勢を見かけたときは背中を伸ばすように声をかける。 ③座位保持が安定する訓練を行う（個別機能訓練加算）	①本人 ②施設職員 ③機能訓練指導員	毎日 都度 週1回(金曜日)	○年○月○日～ ○年○月○日 （２か月）
施設の中は1人で歩きたい。	歩行器を使って1人で歩けるようになりたい。	○年○月○日～ ○年○月○日 （６か月）	歩行器を使ってフロアーの食堂まで1人で行きたい。	○年○月○日～ ○年○月○日 （２か月）	①歩行器をしっかり持ち、うつむくことなく背中を伸ばして食堂へ行く。 ②前に人がいるときは立ち止まる。 ③歩行器にもたれかかるような姿勢のときは背中を伸ばし、前を見るように声をかける。 ④歩行器でしっかりと施設内の歩行が楽しめるために必要な機能訓練を行う（個別機能訓練加算）。	①②本人 ③介護職員 ④機能訓練指導員	毎日 都度 週１回 （金曜日）	○年○月○日～ ○年○月○日 （２か月）
ちぎり絵を楽しみたい。	作ったちぎり絵を部屋に飾りたい。	○年○月○日～ ○年○月○日 （１年）	手芸クラブで楽しく話をしたい。	○年○月○日～ ○年○月○日 （２か月）	①手芸クラブの部屋まで歩行器で歩いていく。 ②補聴器のスイッチを忘れずに入れる。 ③他の方へ声をかけあう。 ④会話が楽しめるはたらきかけを行う。	①②③本人 ④クラブ担当者	週１回 （水曜日）	○年○月○日～ ○年○月○日 （２か月）
			ちぎり絵に必要な材料は自分で手元に揃えたい。	○年○月○日～ ○年○月○日 （２か月）	①クラブで用意されているちぎり絵の材料を自分の前にそろえる。 ②必要な材料があれば、担当者に声をかける。 ③隣の方と材料の受け渡しを行う。 ④作成中のちぎり絵を次回まで保管する。 ⑤ちぎり絵を続けるために指先の能力維持に資する訓練を実施する（衣類のボタンかけがスムーズに行えることも目途とする：個別機能訓練加算）。	①②③本人 ④クラブ担当者 ⑤機能訓練指導員	週１回 （水曜日）	○年○月○日～ ○年○月○日 （２か月）

第４表

日課計画表

利用者名　E　殿　　　　作成年月日　○　年　○　月　○　日

		共通サービス	担当者	個別サービス	担当者	主な日常生活上の活動
深夜	4:00	巡回	介護職員			
早朝	6:00	モーニングケア	介護職員	起床促し・着替え・洗顔の声掛け・見守り	介護職員	起床・着替え・入れ歯をつける
		朝食準備	介護/厨房	血糖測定・インスリン注射	看護職員	
午前	8:00	朝食・口腔ケア	介護職員・看護職員・管理栄養士	服薬介助・ゆっくり食べる声掛け・飲み込み確認	介護職員・看護職員・管理栄養士	朝食・食後のうがい
		健康状態観察	看護職員	排泄意向確認	介護職員	トイレ
	10:00	入浴介助・水分補給	介護職員	入浴促し・必要な部分への洗身介助（居室への誘導・移動見守り）	介護職員・看護職員	火・木曜日に入浴（入浴のない日はデイルームや居室でテレビなどを見て過ごす）
		昼食準備	介護/厨房			
午後	12:00	昼食・口腔ケア	介護職員・看護職員・管理栄養士	ゆっくり食べる声掛け・飲み込み確認	介護職員・看護職員・管理栄養士	昼食・食後のうがい
		個別機能訓練	機能訓練指導員	金曜日、20分間ベットサイドで機能訓練	機能訓練指導員	前傾姿勢の改善に向けた機能訓練に取り組む
	14:00	クラブ活動	介護職員・相談員	手芸活動参加の声掛け・ちぎり絵作成支援	介護職員・相談員	他の参加者と談笑しながらちぎり絵を楽しむ（水曜日）
		おやつ・水分補給	介護職員	ゆっくり食べる声掛け・飲み込み確認	介護職員	おやつ（緑茶）
	16:00	くつろぎ時間	介護職員	居室への誘導・移動見守り	介護職員	居室でテレビなどを見て過ごす/トイレ
		夕食準備	介護/厨房			
夜間	18:00	夕食・口腔ケア	介護職員・看護職員・管理栄養士	服薬介助・ゆっくり食べる声掛け・飲み込み確認	介護職員・看護職員	夕食・食後のうがい
		くつろぎ時間	介護職員	見守り・排泄意向確認	介護職員	
	20:00	ナイトケア	介護職員	就寝、着替えの声掛け・見守り	介護職員	
		消灯確認	介護職員			
深夜	22:00	巡回	介護職員			
	24:00	巡回	介護職員			
				排泄意向確認	介護職員	トイレ
	2:00	巡回	介護職員			
	4:00					
随時実施するサービス		①苛立ちや不安な思いに対して、生活相談員、介護支援専門員が話を聞く。②管理栄養士によるミールラウンド（週3回）				

共通サービスの例
食事介助
朝食
昼食
夕食
入浴介助（月〜金曜日）
清拭介助
洗面介助
口腔清潔介助
整容介助
更衣介助
排泄介助
水分補給介助
体位交換

その他のサービス	嘱託医診察（2週に１回）、外部受診（循環器2か月毎/消化器外科1年に1回）、訪問歯科診察（月に1回）、家族との外食（月に1回）、訪問散髪（原則月に1回）

（注）「週間サービス計画表」との選定による使用可。

第６表

施設介護支援経過

作成年月日　○　年　○　月　○　日

利用者名　　E　　殿

施設サービス計画作成者氏名　　○○　○○

年月日	項　目	内　　容
○年○月○日	入所来所	10：30　長女とともに長女の運転する車で来所。２人とも緊張している様子がうかがえる。居室へ案内し、荷物の整理をお願いする。
	初回サービス担当者会議	11：15　施設１階多目的室でサービス担当者会議を開催する。施設サービス計画書原案（施設での生活を知ってもらうことも課題とし、１か月後に更新予定）を示し、参加職員からの補足説明もあり特に質問なく合意いただいた。なお、入所直後で尋ねたいこともわからないと思えるため、いつでもだれでもよいので声をかけてもらうように重ねて説明とお願いをした。
○年○月○日	面談	11：30　入所当日の夜勤申し送りを受け、訪室し面談する。申し送りのとおりあまり眠れなかったとのこと。トイレは巡回の夜勤者に声をかけ連れて行ってもらったのでこれからも安心といわれる。日中も横になっていたいとの希望があり、介護職員へ申し送る。
	電話連絡	17：30　入所後の様子を長女へ報告。特に変わりない様子に安心される。
○年○月○日	面談	14：10　入所後初の手芸クラブへの参加を確認する。他の入居者との会話は少ないが、職員が手渡した材料でちぎり絵に取り組まれていた。時折他の方と話をし、笑顔も見られた。
○年○月○日	モニタリング	15：00　入所１か月を迎えるに際し、施設サービス計画書に対するモニタリングを行う。 「施設の生活を知る」という課題に対して ①「皆がよく声をかけて教えてくれるのでだいぶ慣れました。」とのことで達成と判断。②「食事の際にゆっくり食べるようにいろんな人が声をかけてくれ、お医者さんもいい人でよかった。」とのことから満足であると判断。③3日前に管理栄養士と機能訓練指導員より初回アセスメントの終了報告を受けており、再アセスメントで施設サービス計画書の更新を予定している旨伝えている。④①の達成に基づき、当該計画書を変更することと判断した。
○年○月○日	再アセスメント	10：00　自室へ訪問し、OCMAシートによるアセスメントを実施。介護職員、看護職員よりふだんの様子も聞き取る。管理栄養士、機能訓練指導員からはそれぞれのアセスメントシートを受け取った。
	電話連絡	18：00　長女へ電話し、１か月経った施設への希望や要望を聞き取る。外食を続けることが一番の希望であるとのこと。
○年○月○日	面談	9：30　施設サービス計画書原案を説明する。ニーズや目標に対する合意をいただき、サービス担当者会議の開催を説明する。よろしくお願いしますと返答された。
○年○月○日	原案調整	16：45　嘱託医来所に合わせ、管理栄養士、機能訓練指導員と施設サービス計画書原案に位置づけた個別計画書について相談。特に異論なく、原案に沿ったそれぞれの計画書を作成するとのこと。１週間後の長女参加のサービス担当者会議で合意できるように作成を依頼した。
○年○月○日	電話連絡	17：40　長女へ施設サービス計画書原案をメールで送り電話を入れ意見を確認する。「本人の携帯からも「ちぎり絵が楽しい」と連絡をもらっています」とお話しいただけた。原案に特に意見なく同意いただく。なお、１週間後にサービス担当者会議を開催する際の参加のお願いと、栄養に関する計画書、機能訓練に関する計画書を確認してもらいたいことをお願いし承諾をいただいた。
令和5年○月○日	サービス担当者会議	14：31　施設多目的室でサービス担当者会議を開催。長女にはすでにメールで示していたことで特に質問もなく同意いただけた。医師から血糖値や心臓の様子に変わりがないことに安心されていた。介護職員よりちぎり絵以外でも他の方と話をされていることを説明すると安心されていた。
○年○月○日	モニタリング（1か月経過）	①食事はゆっくりとよく噛み、しっかりと飲み込んで食べたい。②前かがみにならない姿勢で食事を楽しみたい。③歩行器を使ってフロアーの食堂まで一人で行きたい。④手芸クラブで楽しく話をしたい。⑤ちぎり絵に必要な材料は自分で手元に揃えたい。以上の短期目標に対し、①注意している。これからも頑張るとのこと。ただし介護職員から、見ていないと次々に口に運ぶことがあるとの報告があり、未達成で継続が必要。②前かがみの姿勢は続いているが、機能訓練指導員からいろいろ教えてもらっているので頑張るとのこと。未達成で継続する。③歩行器での移動はできているが、前傾姿勢で前をよく見ていないときがある。歩行機能は維持できているが、前をしっかり確認できていないため未達成と判断し継続する。④⑤はまだ材料を用意してもらうことがほとんどであり、補聴器のスイッチの入れ忘れもあることから未達成。継続が必要と判断。なお、④⑤に対してはちぎり絵ができるためには頑張ると回答があり、支援内容には満足されているものと判断した。なお、個別計画書についてはそれぞれの職種から評価結果をもらっており、総合的に今回のモニタリング結果から計画書内容の変更は必要ないと判断した。

OCMAシートを利用して

- 施設サービス計画書が施設での支援が包括的に提供される現状から、ケアパッケージのような計画書になってしまうことを危惧している。この点、「相談受付表」や「基本情報」を活用し、今までの生活歴をふまえた利用者らしさ、楽しみ、家族とのエピソード等を丁寧に聞き取り記録することで、利用者の望む暮らしを施設サービス計画書で明らかにすることができた。
- ADLやIADL、認知機能に関するアセスメント内容が施設の提供するサービスの根拠として、できないことを中心とした記載で終わってしまうこともあるが、「コンパクトアセスメント」の能力や可能性に着眼すること、「周辺症状の現状とその背景」においてその背景や要因を明らかにする記載項目が、できないことから有する能力の把握やこれからの活動や参加の可能性へと展開の考察を促してくれる様式として活用できた。
- 今回の事例では、家族との外食という生活への意向に対し、「まとめシート」での原因・可能性・リスクを考察し記入したことで、他職種の個別計画書作成における留意事項や支援の根拠につながるものが多数あった。このことは連携を促進し、他職種理解につながる効果に資するものであったと感じている。

第3部

資料編

1 OCMAシート様式集

基本情報

支援事業所		事業所番号		介護支援専門員	
所在地		TEL		FAX	

受付日時	年　月　日　時	受付対応者		受付方法	来所　TEL　その他
訪問日		課題分析場所	□ 自宅　□ 施設（　　）	理由	□初回　□定期　□退院退所

フリガナ		生年月日	M T S H　年　月　日	□男性	□女性
氏　名		被保険者番号			
		保険者番号			
現住所	〒　　ー	福祉サービス利用援助事業		家族構成	
		□	成年後見		
電話番号		□	日常生活		

家族等連絡先	家族名	年齢	続柄	同・別居	電話番号	緊急連絡順

介護者に関する情報	主たる介護者		意思	有・無	負担感	有・無

□男　○女　◎本人　●死亡　△キーパーソン

生活歴		趣味・特技など

要介護度	認定日	有効期間		
	年　月　日	年　月　日　～　年　月　日		
支給限度額	交付年月日	障がい自立度	認知症自立度	審査会の意見
	年　月　日			

① 医療機関名		診療科目		主治医		回数	回 ／ 週 月
所在地		TEL				FAX	
② 医療機関名		診療科目		主治医		回数	回 ／ 週 月
所在地		TEL				FAX	

健康状態		病　名	症状・痛み・経過・その他
既往症	①		
	②		
主傷病	①		
	②		
	③		

主治医の意見より	

健康保険				□ 本人	□ 家族		医療費負担割合	割
公費負担		負担割合	割	生保 □	担当CW		負担限度額認定	段階
障害者手帳	□ 有　□ 無				経済状況			

コンパクトアセスメント

記入年月日　　　　年　　月　　日

		ADLと現在の状況	能力や可能性／精神心理状態など	チェック欄
ADLおよびIADL	寝返り	□ 自立 □ 一部介助 □ 全介助		
	起き上がり	□ 自立 □ 一部介助 □ 全介助		
	座位	□ 自立 □ 一部介助 □ 全介助		
	立位	□ 自立 □ 一部介助 □ 全介助		
	移乗	□ 自立 □ 一部介助 □ 全介助		
	歩行	□ 自立 □ 一部介助 □ 全介助		
	着衣	□ 自立 □ 一部介助 □ 全介助		
	入浴	□ 自立 □ 一部介助 □ 全介助		
	排泄 後始末	□ 自立 □ 一部介助 □ 全介助 失禁 □ 有 □ 無 回数 尿　回／日 便	回／　日 コントロール方法	
	食事摂取	□ 自立 □ 一部介助 □ 全介助 栄養状態 □ 良 □ 不良 食事回数　回 水分摂取量	□ 良 □ 不良　cc／日	
	口腔ケア 衛生	□ 自立 □ 一部介助 □ 全介助 口腔内の状態 □ 良 □ 不良 義歯 □ 有 □ 無	□ 全 □ 部分 □ 上 □ 下	
	調理	□ 自立 □ 一部介助 □ 全介助		
	買物	□ 自立 □ 一部介助 □ 全介助		
	環境整備 掃除	□ 自立 □ 一部介助 □ 全介助		
	金銭管理	□ 自立 □ 一部介助 □ 全介助		
	服薬状況	□ 自立 □ 一部介助 □ 全介助		
褥瘡の程度 皮膚の清潔状況				
特別な状況 虐待・ターミナル				
社会とのかかわり	参加意欲			
	変化			
	喪失感 孤独感等			
コミュニケーション	視力	□ 良好 □ 不良 聴力 □ 良好 □ 不良		
	意思の伝達	□ 良好 □ 不良 電話 □ 良好 □ 不良		
服薬内容				

周辺症状の現状とその背景

記入年月日　　　年　　月　　日

周辺症状		現症状			背景・要因・気づいたことなど	チェック欄
ア	被害を訴える	□ ない	□ 時々ある	□ ある		
イ	状況に合わない話をする	□ ない	□ 時々ある	□ ある		
ウ	ない物が見える・聞こえる	□ ない	□ 時々ある	□ ある		
エ	気持ちが不安定	□ ない	□ 時々ある	□ ある		
オ	夜眠らない	□ ない	□ 時々ある	□ ある		
カ	荒々しい言い方や振る舞いをする	□ ない	□ 時々ある	□ ある		
キ	何度も同じ話をする	□ ない	□ 時々ある	□ ある		
ク	周囲に不快な音をたてる	□ ない	□ 時々ある	□ ある		
ケ	声かけや介護を拒む	□ ない	□ 時々ある	□ ある		
コ	大きな声をだす	□ ない	□ 時々ある	□ ある		
サ	落ち着きがない	□ ない	□ 時々ある	□ ある		
シ	歩き続ける	□ ない	□ 時々ある	□ ある		
ス	家に帰るなどの言動を繰り返す	□ ない	□ 時々ある	□ ある		
セ	一人で危険だが外へ出ようとする	□ ない	□ 時々ある	□ ある		
ソ	外出すると一人で戻れない	□ ない	□ 時々ある	□ ある		
タ	いろいろなものを集める	□ ない	□ 時々ある	□ ある		
チ	火を安全に使えない	□ ない	□ 時々ある	□ ある		
ツ	物や衣類を傷めてしまう	□ ない	□ 時々ある	□ ある		
テ	排泄物をわからず触ってしまう	□ ない	□ 時々ある	□ ある		
ト	食べられないものを口に入れる	□ ない	□ 時々ある	□ ある		
日常の意思決定認知能力						
本人・家族の主訴・要望						
事業所へのお願い（配慮）						

相談受付表

受付日時	年　月　日	受付方法	□ 来所　□ 電話　□ その他	受付対応者	
相談経路					
相談内容					
相談に至った経過					

一日の過ごし方	現在の生活の状況	住宅見取り図　（危険個所は▲）
4		
6		
8		
10		
12		
14		
16		
18		
20		住宅改修の必要性　（ 有 ・ 無 ） 必要個所と内容
22		
24		
2		
4		

現在利用しているサービスの状況

事業種別	頻度／月	開始日	事業所名	担当者名	電話番号 FAX	
	回				電話番号	
					FAX	
	回				電話番号	
					FAX	
	回				電話番号	
					FAX	
	回				電話番号	
					FAX	
	回				電話番号	
					FAX	
	回				電話番号	
					FAX	
	回				電話番号	
					FAX	
	回				電話番号	
					FAX	
	回				電話番号	
					FAX	
	回				電話番号	
					FAX	

まとめシート

記入年月日　　　　年　　月　　日

現状	考える視点（原因・可能性・リスク）	解決すべき条件

2 課題整理総括表の様式と記載要領

2013（平成25）年１月に「介護支援専門員の資質向上と今後のあり方に関する検討会」において、「適切なアセスメント（課題把握）が必ずしも十分ではない」「サービス担当者会議における他職種協働が十分に機能していない」「ケアマネジメントにおけるモニタリング、評価が必ずしも十分ではない」といった課題が指摘されたことにより、そうした課題を解決するために活用できる様式として、厚生労働省老健局振興課が、2014（平成26）年６月26日の介護保険最新情報Vol.379に示されたのが、課題整理総括表・評価表です。

1 本様式の活用と基本的な考え方

①本様式の位置づけと作成のタイミング

課題整理総括表はアセスメントツールではなく、情報の収集と分析を行い、課題を抽出するうえで、利用者の現在の状態と要介護状態などの改善・維持の可能性に照らして、課題の捉え方に抜け漏れがないかどうかをまとめる総括表です。

したがって、本様式のみでアセスメントを終えることは妥当ではなく、基本的には利用者・家族あるいはその他の関係職種などからの情報収集を終え、アセスメントツールなどを用いて情報の整理・分析を行うことが必須です。そのうえで、ケアプラン（原案）の作成にかかる前のタイミングで、本様式を作成することが望ましいといえます。

②本様式作成の基本姿勢

本様式は介護支援専門員の専門職としての考え、つまり「介護支援専門員として、さまざまな情報の収集・分析の結果、このような課題があると考えられる」という考えを整理して記載することを想定しています。

ただし、このことは利用者・家族の意向を無視して介護支援専門員の考えだけで課題整理をしてよいということではありません。前述の通り、本様式は情報の収集と分析が終わった後、課題整理の総括表として作成することを想定しています。情報の収集過程では当然、利用者・家族がもつ生活の意向や現状、生活歴などが把握されていることが前提です。

したがって、介護支援専門員が作成する課題整理総括表は、こうした利用者・家族の思いや状況を踏まえて、「専門職である介護支援専門員として、あなたのお話をこう捉えた」「今後、望む生活の実現に向けて、こういった課題があると考えるが、どうか」という介護支援専門員として専門性を生かした課題分析の結果を整理したものとなります。

利用者・家族の生活に関わる人々や他の専門職からも情報を収集するとともに、助言を受けることが多いと思われます。こうしたさまざまな情報についても収集したうえで、利用者・家族が望む生活の実現に向けて、介護支援専門員として総合的に分析、判断した結果を記載することを想定しているのです。

なお、後述するように、本様式の「状況の事実」欄の項目は、必要に応じて追加したり細分化したりすることを想定しています。

2 課題整理総括表の記載項目および記載要領と留意点

①「利用者名」欄

利用者名を記入します。

②「状況の事実」の「現在」欄

この欄には、事前に利用者宅の訪問や利用者・家族との面談、関係者や他の専門職からの申し送りなどで把握した情報（事実）に基づき、各項目について、それぞれ日常的にしているかどうかを判断し、「自立」「見守り」「一部介助」「全介助」（項目によっては「支障なし」「支障あり」）のいずれかに○印を記入します。「見守り」は「見守りや声かけを受けるが、一連の動作のほぼすべてを支障なく実施している」、「一部介助」は「一連の動作の一部について介助を受けて行為を実施している」、「全介助」は「一連の動作のすべてあるいはほぼすべてについて介助を受けて行為を実施している」ことが目安になります。「自立」「見守り」「一部介助」「全介助」の大まかな目安を以下に例示します。

▶「自立」「見守り」「一部介助」「全介助」の大まかな目安

項目	状況	記入例
室内移動	多少のふらつきがあり転倒リスクはあるものの、階段昇降を含めて移動している	自立
屋外移動	ヘルパーが付き添うと病院まで自力で移動するが、付き添いがないと外出しない	見守り
口腔ケア	デイサービスで声かけされれば歯磨きをするが、自室などにいて声かけがないとまったくしない	見守り
服薬	飲むべき薬の判断と飲むための準備ができない 薬とコップに入れた水を手渡すと飲むことはできる	一部介助
調理	自身ではまったく調理していない（ヘルパーが準備したものを食べている）	全介助（日常的にしていない）
入浴	週２回のデイサービスで立位保持と洗身の介助があれば入浴しているが、自宅ではまったく入浴していない	全介助

一方、ADL／IADL以外の項目について、「支障あり」に○印を記入した場合は、必ずその具体的な状況を備考欄に補記します。

本欄における「自立」「見守り」「一部介助」「全介助」あるいは「支障なし」「支障あり」などの尺度は、利用者の現在の状況をケアチームのメンバーが概観して共有するための目安です。

ここでは、日常的な生活の状況を概括することを目的に、あくまでも日常的にしているかどうかに基づいて判断することとし、できるかどうかは考慮しないこととします。したがって、例えば同居者が実施していない場合は、「全介助」を選択することとします。

なお、一連の動作の一部のみ介助（声かけや付き添いを除く）を受けている場合は、「一部介助」を選択することとします。また、例えば自宅とデイサービスで状況が異なるなど、生活環境によって状況が異なる場合は、日常生活のなかで頻度の高い状況に基づいて判断します。

また、褥瘡・皮膚の問題や行動・心理症状（BPSD）などについて、現在は支障が顕在化していないもののリスクが大きいと判断される場合は「支障あり」を選択することとします。

なお、「状況の事実」に並んでいる項目は、課題分析標準項目のアセスメント項目として厚生労働省の通知※に掲げられている14項目から「特別な状況」（ターミナルや虐待等の状況を記載する項目）を除いたものですが、小項目は平成24年度に実施した実証事業の成果などを踏まえて設定したものです。

課題整理の総括において重要となる視点・項目は、利用者・家族の生活の状況や心身の状況によって異なると考えられます。本欄下部の空欄などを活用し、例えば起居動作や経済状況など適宜項目を追加修正して活用して差支えありません。

※通知とは、平成11年11月12日 老企29 厚生省老人保健福祉局企画課長通知「介護サービス計画書の様式及び課題分析標準項目の提示について」のこと。課題整理総括表の中項目の表記はこの通知に示す課題分析標準項目に準じたものである。

③「自立した日常生活の阻害要因（心身の状態、環境等）」欄

収集した情報に基づき、利用者の自立を阻害している根本的な要因、特に「状況の事実」の「現在」欄で「自立」あるいは「支障なし」以外が選択されている項目の要因を分析したうえで、より根本的で重要な要因を最大6項目程度に絞り込み、「自立した日常生活の阻害要因」欄に記載します。なお、本欄に振られている番号は便宜的な通し番号であり、要因の重要度などによる優先順位を示したものではありません。

繰り返しになりますが、課題整理総括表は、情報の収集・分析が終わった後に作成することを想定しており、本様式を作成する前に、介護支援専門員として、利用者の自立した日常生活を阻んでいる要因を具体的に捉えられていることが求められます。

なお、要因として疾患が捉えられる場合も多いと考えられますが、疾患それ自体だけでなく、疾患に応じた療養や健康管理が十分にできていないという状況が生活に影響を及ぼすものです。つまり、本欄には疾患名だけでなく、その疾患に応じた療養や健康管理なども含めて整理し、必要に応じて記載することが望ましいでしょう。例えば、要介護状態となった原因疾患が「糖尿病」である場合は、糖尿病そのものは診断名であって、むしろ糖尿病の管理ができないこと、例えば「食事管理ができない」ことや「インシュリンの自己注射の管理ができない」ことが要因として記載されることとなります。

また、生活の状況には利用者の心身の状態だけでなく、生活の環境（住環境などの物理的なものだけでなく、家族関係などの社会的な環境も含む）も影響します。したがって、利用者の心身の状態のほか、環境に関する要因が含まれる場合もありえます。

なお、本欄には、利用者の心身の状態あるいは生活の環境などについて、客観的事実を記載します。客観的事実を記載することが困難な場合は、引き続き情報の収集・分析が必要です。

④「状況の事実」の「要因」欄

「状況の事実」の「現在」欄で、「自立」あるいは「支障なし」以外を選択した項目について、その要因として考えられるものを、「自立した日常生活の阻害要因（心身の状態、環境等）」欄から選択し、その記載した番号（丸数字）を記入します。複数の要因が考えられる場合は複数の番号

（丸数字）を記載します。

本欄の記入は、前項③「自立した日常生活の阻害要因」欄の内容と関連することから、「要因」と「自立した日常生活の阻害要因」欄は相互の整合性を確認しながら、記入と修正を進めることが望ましいといえます。

⑤「状況の事実」の「改善／維持の可能性」欄

「状況の事実」の「現在」欄で、「自立」あるいは「支障なし」以外を選択した項目について、現在の認定有効期間を見通して、必要な援助（介護保険サービスだけでなく、インフォーマルな支援を含む）を利用した場合に「現在」の状況が改善／維持する可能性の有無を検討し、「改善」「維持」「悪化」のいずれかに○印を記入します。

なお、介護保険法では、保険給付は「要介護状態等の軽減又は悪化の防止に資するよう行われる」こととされています。したがって、「悪化」が見込まれる場合においても、本欄を記入するにあたり、その分析の過程で「維持」の可能性も十分に検討することが重要です。

この欄は、主治医意見書など、多職種からの意見を踏まえたうえで、あくまでも専門職たる介護支援専門員としての判断に基づいてその考えを記入します。なお、ここでどのような可能性を選択したかをもって、その介護支援専門員の判断の善し悪しを評価するものではありません。むしろ、ここで判断した可能性に基づいたうえで、利用者・家族の生活を支えていくために必要な課題と援助内容を整理することこそが、介護支援専門員の専門性に期待されることです。

⑥「状況の事実」の「備考」欄

この欄には、「状況の事実」欄の「現在」あるいは「改善／維持の可能性」に関して補足すべき情報を記入します。例えば、「現在」欄において「支障あり」とした場合にその具体的な支障の内容を補記したり、「一部介助」や「全介助」とした場合に支援の内容を補記したりすることが考えられます。また、「改善／維持の可能性」欄において「維持」や「悪化」が見込まれる項目に関して、現在利用しているサービス内容や必要な生活環境を補記するといった活用も考えられます。

さらに、「改善／維持の可能性」に関して、なぜそのような可能性があると判断したかの根拠を補記することも有効です。介護支援専門員が、利用者の状況をどのような方向性で捉えているか、その判断根拠（利用者本人の心身の状況や生活の環境だけでなく、家族などから援助を受けて日常生活を送っている場合の具体的な援助内容や、介護者が有する介護知識の状況など）を記入し、それをサービス担当者会議などで共有することで、チームケアに参加する個別のサービス担当者が、利用者・家族などの状況や総合的な援助の方針を理解しやすくなることが期待されます。

「備考」欄の具体的例

①「見守りや介助」について具体的にどのような状況であるのかを記載する。

【例：室内移動・見守りの場合】

➡ T字杖か手すりを使用。時に右つま先がひっかかることがある

【例：食事摂取・見守りの場合】

➡ 利き腕ではない手でスプーンやフォークを使って摂取している

【例：服薬・見守りの場合】

➡ セットすると自分で服用することができる

②「改善／維持の可能性」に関して、なぜそのような可能性があると判断したかの根拠を追記する

【例：入浴・一部介助の場合】

➡ 改善　通所リハビリテーションで生活動作訓練を継続しており、浴槽のまたぎに関して自立しつつある。

【例：皮膚、褥瘡】

➡ 改善　おむつ交換が定期的に行われておらず、創部の衛生が保たれていない。褥瘡予防用具の導入がなく、自力での体位変換が困難

⑦「見通し」欄

本欄には、「利用者の自立した日常生活を妨げている要因」の解決に向けて、多職種からアドバイスを受けつつ、当該ケアプランの短期目標の期間を見据えて、「どのような援助を実施することにより」（要因の解決のために必要と考えられる援助内容）、「状況がどのように変化することが見込まれるか」（援助を利用した場合に到達が見込まれる状態）を記入します。

本欄には、これから実施しようとする援助による改善や維持の予測を記入することから、本欄の記載内容は、あくまでも介護支援専門員として判断した仮説を記載することになります。

他の介護支援専門員や他の職種と共有した際にわかりやすく簡潔な内容とするため、「要因」―「要因の解決のために必要と考えられる援助内容」―「援助を利用した場合に到達が見込まれる状態」を、１つの「要因」に対して数行でまとめることを目安とするとよいでしょう。

なお、介護保険法に掲げられている「要介護状態等の軽減又は悪化の防止」という考え方に沿って言えば、まずは「改善／維持の可能性」欄において「改善」に○印をつけた項目について、その項目の「要因」を解決するための見通しを必ず記入することが重要です。そのうえで、「維持」や「悪化」に○印をつけた項目のうち、特に取り組むべきと考えられる項目について、維持のための日常生活における取り組みの視点や、悪化・重度化防止のためのリスク軽減の視点から「どのような援助を実施すること」が必要かを記入します。

例えば、室内のトイレへの移動と排泄動作に改善の可能性が考えられる場合、「改善／維持の可能性」を「改善」とし、その「室内移動」と「排泄動作」について、その要因である下肢筋力低下と住環境に着目して、その要因を改善するために必要な援助を整理します。

また、重度の介護を要する場合などは、「改善／維持の可能性」が「維持」であっても、今後の見通しを考えるうえで、状態像の著変につながる誤嚥性肺炎を起こさないようにするうえで、特に重要であると考えられる「口腔ケア」について、その援助の実施が必要であると整理します。

「見通し」欄の記入例

「〇〇することにより」「××となることが見込まれる」と表現する。例えば、阻害要因欄に以下の内容があった場合、見通し欄には下記の ➡ のように記載することもできる。

【糖尿病のコントロール不足】

➡ 食事指導により食事内容を変更し、内服薬の継続と適度な運動を行うことで、体重が減少し、合併症を予防できる可能性がある。

【独居】

➡ 現状ではできていない拭き掃除の支援を受けることで、１人暮らしの不安が軽減できることが見込まれる。

【下肢筋力の低下】

➡ 日中の活動や近隣までの散歩などで、運動量を増やすことによって、自宅での階段昇降の維持や以前のように近くまでの買い物に行くことができるようになる。

⑧「利用者及び家族の生活に対する意向」欄

利用者宅の訪問や利用者・家族との面談などを通じて把握した利用者及び家族が望む生活の意向のうち、課題を抽出するうえで重要と思われる情報を整理して、簡潔に記入します。

本欄に記載する情報はあくまでも課題の抽出に関わりが大きいと思われる内容のみでよく、ケアプラン第１表の「利用者及び家族の生活に対する意向」欄に記載する内容と同一である必要はありません。

⑨「生活全般の解決すべき課題（ニーズ）【案】」欄

「見通し」欄の記入内容を踏まえて記入します。情報の収集・分析が終わった後に課題整理総括表を作成することから、利用者・家族などからの聞き取りにより、「利用者が望む生活」が捉えられていることが前提です。

なお、介護支援専門員が課題整理総括表を作成するのは、サービス担当者会議（ケアプラン原案を利用者と合意する）前であるから、ここで記載する生活全般の解決すべき課題（ニーズ）は、利用者・家族などから収集した情報の分析に基づいて介護支援専門員が捉え、専門職としての判断で利用者に提案する、合意前の案であって差し支えありません。

⑩優先順位欄（※６の欄）

課題の優先順位を踏まえて、数字を記入します。利用者とすり合わせた結果、当該期間のケアプランに反映しないこととした（反映できなかった）課題については、「—」を記入します。

※数字は記入の順番を表す。

利用者名 ❶ 殿

課題整理総括表

作成日 ❷ / /

自立した日常生活の阻害要因（心身の状態、環境等）	❹		

利用者及び家族の生活に対する意向	❽

状況の事実 ※1		現在 ※2	要因 ※3	改善/維持の可能性 ※4	備考（状況・支援内容等）
移動	室内移動	自立　見守り　一部介助　全介助		改善　維持　悪化	
	屋外移動	自立　見守り　一部介助　全介助		改善　維持　悪化	
食事	食事内容	支障なし　支障あり		改善　維持　悪化	
	食事摂取	自立　見守り　一部介助　全介助	❺	改善　維持　悪化	❸′
	調理	自立　見守り　一部介助　全介助		改善　❻　維持　悪化	❻′
排泄	排尿・排便	支障なし　支障あり		改善　維持　悪化	
	排泄動作	自立　見守り　一部介助　全介助		改善　維持　悪化	
口腔	口腔衛生	支障なし　支障あり		改善　維持　悪化	【例】
	口腔ケア	自立　見守り　一部介助　全介助		改善　維持　悪化	ズボンをうまく上げられない
服薬		自立　見守り ❸ 一部介助　全介助		改善　維持　悪化	歯磨きができず、口臭がある
入浴		自立　見守り　一部介助　全介助		改善　維持　悪化	
更衣		自立　見守り　一部介助　全介助		改善　維持　悪化	
掃除		自立　見守り　一部介助　全介助		改善　維持　悪化	
洗濯		自立　見守り　一部介助　全介助		改善　維持　悪化	
整理・物品の管理		自立　見守り　一部介助　全介助		改善　維持　悪化	
金銭管理		自立　見守り　一部介助　全介助		改善　維持　悪化	
買物		自立　見守り　一部介助　全介助		改善　維持　悪化	
コミュニケーション能力		支障なし　支障あり		改善　維持　悪化	
認知		支障なし　支障あり		改善　維持　悪化	
社会との関わり		支障なし　支障あり		改善　維持　悪化	
褥瘡・皮膚の問題		支障なし　支障あり		改善　維持　悪化	
行動・心理症状（BPSD）		支障なし　支障あり		改善　維持　悪化	
介護力（家族関係含む）		支障なし　支障あり		改善　維持　悪化	
居住環境		支障なし　支障あり		改善　維持　悪化	
				改善　維持　悪化	

見通し ※5	生活全般の解決すべき課題（ニーズ）【案】	※6
❼ 【例】 〇〇〇すれば、▽▽▽できる・なる ●ポイント 『活動・参加』着目する ①「できない」→「できる」 ②「しにくい」→「しやすい」 ③「やればできる」⇒「いつでもしている」 【例】 歯磨きの準備をすれば、口腔衛生がよくなり、食事がおいしくなる	❾	❿

※1　本書式は総括表でありアセスメントツールではないため、必ず別に詳細な情報収集・分析を行うこと。なお「状況の事実」の各項目は課題分析標準項目に準拠しているが、必要に応じて追加して差し支えない。
※2　介護支援専門員が収集した客観的事実を記載する。選択肢に○印を記入。
※3　現在の状況が「自立」あるいは「支障なし」以外である場合に、そのような状況をもたらしている要因を、様式上部の「要因」欄から選択し、該当する番号（丸数字）を記入する（複数の番号を記入可）。
※4　今回の認定有効期間における状況の改善/維持/悪化の可能性について、介護支援専門員の判断として選択肢に○印を記入する。

※5　「要因」および「改善/維持の可能性」を踏まえ、要因を解決するための援助内容と、それが提供されることによって見込まれる事後の状況（目標）を記載する。
※6　本計画期間における優先順位を数字で記入。ただし、解決が必要だが本計画期間に取り上げることが困難な課題には「－」印を記入。

3 居宅サービス計画書様式・評価表

第１表

居宅サービス計画書（1）

作成年月日　　年　　月　　日

初回・紹介・継続　　認定済・申請中

利用者名　　殿　　生年月日　　年　　月　　日　　住所

居宅サービス計画作成者氏名

居宅介護支援事業者・事業所名及び所在地

居宅サービス計画作成（変更）日　　年　　月　　日　　初回居宅サービス計画作成日　　年　　月　　日

認定日　　年　　月　　日　　認定の有効期間　　年　　月　　日 ～ 　　年　　月　　日

要介護状態区分	要介護1　・　要介護2　・　要介護3　・　要介護4　・　要介護5
利用者及び家族の生活に対する意向を踏まえた課題分析の結果	
介護認定審査会の意見及びサービスの種類の指定	
総合的な援助の方針	
生活援助中心型の算定理由	1．一人暮らし　2．家族等が障害、疾病等　3．その他（　　　）

第２表

居宅サービス計画書（2）

利用者名　　　　　　　　　　　　殿　　　　　　　　　　　　　　　　　　　　　　　　　　　作成年月日　　　年　　　月　　　日

生活全般の解決すべき課題（ニーズ）	目　標				援　助　内　容					
	長期目標	（期間）	短期目標	（期間）	サービス内容	※1	サービス種別	※2	頻度	期間

※１　「保険給付の対象となるかどうかの区分」について、保険給付対象内サービスについては○印を付す。△印は市町村サービス。「障害」は障害者総合支援法のサービス。
※２　「当該サービス提供を行う事業所」について記入する。

第３表

週間サービス計画表

利用者名　　　　　　　　殿　　　　　　　　作成年月日　　年　　月　　日

		月	火	水	木	金	土	日	主な日常生活上の活動
深夜	0:00								
	2:00								
	4:00								
早朝	6:00								
午前	8:00								
	10:00								
午後	12:00								
	14:00								
	16:00								
夜間	18:00								
	20:00								
深夜	22:00								
	24:00								

週単位以外のサービス	

第４表

サービス担当者会議の要点

作成年月日　　年　　月　　日

利用者名　　　　殿　　居宅サービス計画作成者（担当者）氏名

開催日　　年　　月　　日　　開催場所　　開催時間　　開催回数

会議出席者 利用者・家族の出席 本人：【　　】 家族：【　　】 （続柄：　　） ※備考	所属（職種）	氏　名	所属（職種）	氏　名	所属（職種）	氏　名
検討した項目						
検討内容						
結　論						
残された課題 （次回の開催時期）						

第５表

居宅介護支援経過

作成年月日　　　　年　　月　　日

利用者名　　　　　　　　　殿

居宅サービス計画作成者氏名

年月日	項　目	内　　容	年月日	項　目	内　　容

評　価　表

利用者名　　　　　　　　　　殿

作成年月日　　　　年　　月　　日

短期目標	（期間）	援助内容			結果	コメント
		サービス内容	サービス種別	※1	※2	（効果が認められたもの／見直しを要するもの）

※1　「当該サービスを行う事業所」について記入する。
※2　短期目標の実現度合いを5段階で記入する（◎：短期目標は予想を上回って達せられた、○：短期目標は達せられた（再度アセスメントして新たに短期目標を設定する）、△：短期目標は達成可能だが期間延長を要する、×1：短期目標の達成は困難であり見直しを要する、×2：短期目標だけでなく長期目標の達成も困難であり見直しを要する）

4 施設サービス計画書様式

第１表

施設サービス計画書（1）

作成年月日　　年　　月　　日

初回・紹介・継続　　認定済・申請中

利用者名　　殿　生年月日　　年　　月　　日　住所

施設サービス計画作成者氏名及び職種

施設サービス計画作成介護保険施設名及び所在地

施設サービス計画作成（変更）日　　年　　月　　日　初回施設サービス計画作成日　　年　　月　　日

認定日　　年　　月　　日　認定の有効期間　　年　　月　　日 ～　　年　　月　　日

要介護状態区分	要介護1　・　要介護2　・　要介護3　・　要介護4　・　要介護5
利用者及び家族の生活に対する意向	
介護認定審査会の意見及びサービスの種類の指定	
総合的な援助の方針	

第2表

施設サービス計画書（2）

利用者名　　　　　　　　殿　　　　　　　　　　　　　　　　作成年月日　　年　　月　　日

生活全般の解決すべき課題（ニーズ）	目標				援助内容			
	長期目標	（期間）	短期目標	（期間）	サービス内容	担当者	頻度	期間

第３表

週間サービス計画表

作成年月日　　年　　月　　日

利用者名　　　　　　殿

年　　月分より

		月	火	水	木	金	土	日	主な日常生活上の活動
深夜	4:00								
早朝	6:00								
午前	8:00								
	10:00								
午後	12:00								
	14:00								
	16:00								
夜間	18:00								
	20:00								
深夜	22:00								
	24:00								
	2:00								
	4:00								

週単位以外のサービス	

（注）「日課計画表」との選定による使用可。

第４表

日課計画表

利用者名　　　　　　　　殿　　　　　　　　作成年月日　　　年　　　月　　　日

		共通サービス	担当者	個別サービス	担当者	主な日常生活上の活動
深夜	4:00					
早朝	6:00					
午前	8:00					
	10:00					
午後	12:00					
	14:00					
	16:00					
夜間	18:00					
	20:00					
深夜	22:00					
	24:00					
	2:00					
	4:00					
随時実施するサービス						

共通サービスの例

- 食事介助
  - 朝食
  - 昼食
  - 夕食
- 入浴介助（　　　曜日）
- 清拭介助
- 洗面介助
- 口腔清潔介助
- 整容介助
- 更衣介助
- 排泄介助
- 水分補給介助
- 体位交換

その他のサービス	

（注）「週間サービス計画表」との選定による使用可。

第５表

サービス担当者会議の要点

作成年月日　　　　年　　月　　日

利用者名　　　　　　　　　　殿　　　　施設サービス計画作成者（担当者）氏名

開催日　　　　年　　月　　日　　　開催場所　　　　　　開催時間　　　　　　開催回数

会議出席者	所属（職種）	氏　名	所属（職種）	氏　名	所属（職種）	氏　名
検討した項目						
検討内容						
結　　論						
残された課題 （次回の開催時期）						

第6表

施設介護支援経過

利用者名　　　　　　　　　　　殿　　　　　　　　　　施設サービス計画作成者氏名

年　月　日	内　　容	年　月　日	内　　容

5　日常生活自立度

1　障害高齢者の日常生活自立度（寝たきり度）

（1）判定の基準

調査対象者について、調査時の様子から下記の判定基準を参考に該当するものに○印をつけること。

なお、全く障害等を有しない者については、自立に○印をつけること。

生活自立	ランクJ	何らかの障害等を有するが、日常生活はほぼ自立しており独力で外出する 1．交通機関等を利用して外出する 2．隣近所へなら外出する
準寝たきり	ランクA	屋内での生活は概ね自立しているが、介助なしには外出しない 1．介助により外出し、日中はほとんどベッドから離れて生活する 2．外出の頻度が少なく、日中も寝たり起きたりの生活をしている
寝たきり	ランクB	屋内での生活は何らかの介助を要し、日中もベッド上での生活が主体であるが、座位を保つ 1．車いすに移乗し、食事、排泄はベッドから離れて行う 2．介助により車いすに移乗する
	ランクC	1日中ベッド上で過ごし、排泄、食事、着替において介助を要する 1．自力で寝返りをうつ 2．自力では寝返りもうてない

※判定に当たっては、補装具や自助具等の器具を使用した状態であっても差し支えない。

（2）判定のあたっての留意事項

この判定基準は、地域や施設等の現場において、保健師等が何らかの障害を有する高齢者の日常生活自立度を客観的かつ短時間に判定することを目的として作成したものである。

判定に際しては「～をすることができる」といった「能力」の評価ではなく「状態」、特に『移動』に関わる状態像に着目して、日常生活の自立の程度を4段階にランク分けすることで評価するものとする。なお、本基準においては何ら障害を持たない、いわゆる健常高齢者は対象としていない。

2　認知症高齢者の日常生活自立度

（1）判定の基準

調査対象者について、訪問調査時の様子から下記の判定基準を参考に該当するものに○印をつけること。

なお、全く認知症を有しない者については、自立に○印をつけること。

【参考】

ランク	判　断　基　準	見られる症状・行動の例
I	何らかの認知症を有するが、日常生活は家庭内及び社会的にほぼ自立している。	
II	日常生活に支障を来たすような症状・行動や意思疎通の困難さが多少見られても、誰かが注意していれば自立できる。	
IIa	家庭外で上記IIの状態が見られる。	たびたび道に迷うとか、買物や事務、金銭管理などそれまでできたことにミスが目立つ等
IIb	家庭内でも上記IIの状態が見られる。	服薬管理ができない、電話の応対や訪問者との対応など一人で留守番ができない等
III	日常生活に支障を来たすような症状・行動や意思疎通の困難さが見られ、介護を必要とする。	
IIIa	日中を中心として上記IIIの状態が見られる。	着替え、食事、排便、排尿が上手にできない、時間がかかる。 やたらに物を口に入れる、物を拾い集める、徘徊、失禁、大声・奇声をあげる、火の不始末、不潔行為、性的異常行為等
IIIb	夜間を中心として上記IIIの状態が見られる。	ランクIIIaに同じ
IV	日常生活に支障を来たすような症状・行動や意思疎通の困難さが頻繁に見られ、常に介護を必要とする。	ランクIIIに同じ
M	著しい精神症状や問題行動あるいは重篤な身体疾患が見られ、専門医療を必要とする。	せん妄、妄想、興奮、自傷・他害等の精神症状や精神症状に起因する問題行動が継続する状態等

（2）判定のあたっての留意事項

認定調査項目に含まれていない認知症に関連する症状のうち、「幻視・幻聴」、「暴言・暴行」、「不潔行為」、「異食行動」等については、関連する項目の特記事項に記載するか、認知症高齢者の日常生活自立度の特記事項に記載すること。

【編　集】

公益社団法人大阪介護支援専門員協会

職域、所属の枠を超えた職務遂行のため、職業倫理の高揚に努め、専門員教育及び研究を通して、その専門性を高め、介護支援専門員の資質の向上と介護支援に関する知識・技術の普及を図り、大阪府民の保健・医療・福祉の増進に寄与することを目的としています。

【執　筆】

大阪府法定研修講師

大森　剛

吉田　弘樹

平田　加代子

村山　尚紀

雨師　みよ子

改訂 事例で学ぶ アセスメントとケアプラン作成
OCMAシートを活用したケアマネジメント実践

2024年9月10日　発行

編　集 ……… 公益社団法人大阪介護支援専門員協会

発行者 ……… 荘村明彦

発行所 ……… 中央法規出版株式会社
〒110-0016　東京都台東区台東3-29-1 中央法規ビル
TEL　03-6387-3196
https://www.chuohoki.co.jp/

印刷・製本 ………… 株式会社ルナテック

定価はカバーに表示してあります。
ISBN978-4-8243-0122-2

本書の内容に関するご質問については、下記URLから「お問い合わせフォーム」にご入力いただきますようお願いいたします。
https://www.chuohoki.co.jp/contact/

A122